느리게
산다는
것

Du bon usage de la lenteur

# 느리게
# 산다는
# 것

**피에르 쌍소** Pierre Sansot 지음

**강주헌** 옮김

드림셀러

## 즐겁게 권태로운 삶은
## 과연 어떤 삶일까

**최 재 천**
(이화여대 에코과학부 석좌교수 · 생명다양성재단 이사장)

 오래전 결혼 30주년을 맞아 아내와 함께 일주일간 프랑스 프로방스에 머물렀다. 매일 아침 길 건너 빵 굽는 냄새에 눈을 떴다. 작은 마을에 있는 장에 들러서 주전부리로 점심을 때우고, 파스타 면과 포도주를 사 들고 돌아와 함께 저녁을 지어 먹었다. 위스키나 소주를 단번에 입 안으로 털어 넣는 게 아니라, '포도주잔을 얼굴 높이까지 치켜 들어 전등불에 비추며 가만히 응시하다가 조심스레 마셨다.' 이렇듯 프로방스에서는 시간과 삶을 불빛에 버무려 음미하는 느림이 가능했다.

피에르 쌍소는 도시에도 때론 마음껏 머물 수 있고 근심에 싸여 혼란스러워도 활기차게 걸을 수 있는 공간, 즉 '용도가 결

정되지 않은 공간'을 많이 확보해야 한다고 제안한다. 버트런드 러셀은 우리 모두 조금씩 게으르게 살면, 보다 많은 사람이 일할 기회를 얻는다고 주장했다. 러셀의 '게으름'과 쌍소의 '느림'은 모두 우리가 느긋하게 있을 때 가장 인간답다고 가르친다. 느림은 성격이 아니라 선택의 영역이란다. 고상하고 형이상학적인 권태나 무기력한 나태가 아니라 행복감에 젖어 한껏 하품할 수 있는 느림을 즐길 수 있어야 한다. 즐겁게 권태로운 삶은 과연 어떤 삶일까, 생각이 꼬리에 꼬리를 문다. 쌍소의 답을 빌리자면,

**"모데라토 칸타빌레, 절제를 넘어서 느리고 우아하게!"**

인간의 모든 불행은 단 한 가지,

방에 차분히 앉아 휴식을 취할 줄 모르는 데서 비롯된다.

- 파스칼

**차례**

**머리말**

나만의 속도에 맞추어 살아가도록
나를 내버려 두라

과거에 느린 사람은 평판이 좋지 않았다. 느린 사람은 어려운 행동을 할 때도 굼뜨다고 손가락질받았고 서투르다는 말을 들었다. 우아하게 걸을 때도 둔한 사람이라 여겨졌다. 또 일에 열의가 없다는 의심까지 받았다. 느린 사람들보다 날렵한 사람들, 예컨대 민첩한 손놀림으로 식탁을 치우고, 나지막한 목소리의 요구까지 알아듣고 신속하게 해내며, 암산에도 뛰어난 사람들이 더 사랑받았다. 그들의 민첩함은 행동과 대답에서 드러났고, 심지어 날카로운 눈빛과 뚜렷한 표정에서도 드러났다. 사람들은 "그런 사람들은 걱정하지 마십시오. 어떤 곤경에서도 벗어날 수 있으니까요"라고 말하곤 했다.

이쯤에서 나는 내 길을 선택하기로 마음먹었다. 느림의 길이었다. 나는 꾸불꾸불 느릿하게 흐르는 로트강에, 또 9월이면 여름의 마지막 열매들 주변을 서성이며 서서히 저물어가는 햇살에도 한없는 애정을 느꼈다. 남자든 여자든 삶의 여정에서 얼굴이 조금씩 고상하고 선하게 바뀌어 간 사람들을 부러워했다. 시골에서는 힘든 하루 일을 끝낸 남자들이 포도주잔을 얼굴 높이까지 치켜들어 전등불에 비추며 가만히 응시하다가 조심스레 마셨다. 백 년을 산 나무들은 한 세기를 이어온 운명을 끝냈다. 그런 느림은 영원에 가까웠다.

느림. 내 생각에 그것은 인간과 자연이 가끔은 부드럽게 존중하고, 우아하게 보듬어야 하는 그런 것이다.

반대로, 학창시절 구내식당을 향해 허겁지겁 달려가고, 일등이나 우등상을 차지하려고 발버둥 치는 친구들을 보면 짜증스러웠다. 그들은 하루라도 빨리 어른이 되고 싶어 했다. 어른들처럼 옷을 입고 거드름을 피우고 싶어 했다. 영원히 돌아오지 않을 어린 시절을 날림으로 보낸 후에…. 우리 농장을 둘러보며 우리의 '정신 구조'를 이해한 후에도 도시로 돌아가서는 시골에서 만났던 촌뜨기들을 조롱하는 방문객들을 나는 믿지 않았다. 우리는 그런 방문객들을 '파리지앵'이라 불렀다.

나는 이 땅에서 맞는 모든 시기와 때를 느릿하고 경건하고 주의 깊게 살아가기로 다짐했다.

세상의 흐름은 점점 더 빨라졌다. 독일군 기갑사단이 프랑스 곳곳을 누비며 점령하는 데는 채 사십 일이 걸리지 않았다. 오늘날 이처럼 폭주하는 세상을 견디지 못하는 사람들은 세상의 흐름에서 밀려나서, 자신들을 도와주고 그 흐름을 다시 이어줄 사람을 기다리지만, 그런 기다림은 헛수고일 뿐이다. 우리의 이성적인 판단하에, 사람들이 되돌릴 수 없다고 말하는 과정에 굴복했던 것일까? 하지만 질주하는 삶이 어떤 이유로도 합리화되지 않는다면, 이성은 우리에게 오히려 그런 삶에서 벗어나라고 하소연하지 않을까? 나는 단순한 이유에서 후자의 삶을 선택할 수밖에 없다. 원칙적으로 말하면, 바쁘게 살아가는 사람들은 자유로운 시간을 소중하고 작은 실뭉치처럼 차곡차곡 모은 대가로, 결국에는 억지로 떠넘겨지는 일거리를 걱정하지 않고 자신을 위해 살아야 한다. 그들은 잠깐이라도 엄청난 삶의 압력에서 해방되고 싶어 하지만 뭔가가 결핍된 상태에서 불쌍하게 살아가는 게 확실한 듯하다.

내가 여기에서 말하려는 '느림'은 성격 문제가 아니라 삶의 선택에 관한 것이다. 정해진 시간을 앞당기지 말고 시간에 쫓겨 허둥대지 않는 것이 바람직하다는 뜻이다. 사방에서 재촉받고, 때로는 우리가 그런 압력을 자진해 따르는 사회에서 건강하게 살아가기 위해 하루라도 빨리 시작해야 할 과제다.

나는 이런 느림에 자리를 내주고 우리에게 한결같은 마음을 보장해주는 몇 가지 자세를 이야기하고 싶었다.

- 한가로이 걷기 │ 여유를 갖고 발걸음이 닿는 대로, 풍경이 이끄는 대로 걷는다.

- 듣기 │ 다른 목소리에 마음의 문을 열고 믿음을 준다.

- 권태 │ 어떤 것도 사랑하지 않는 게 아니라 무의미하게 느껴질 때까지 받아들이고 음미한다.

- 꿈꾸기 │ 희미해져 가지만 여전히 주의 깊고 민감한 의식을 내면에 심는다.

- 기다리기 │ 시야를 최대한 넓고 크게 펼치기 위해서

- 내면의 고향 │ 시대에 맞지 않는 단역이 되어버린 우리 존재에서 시들어버린 부분

- 글쓰기 │ 우리의 진실한 면을 조금씩 되살리기 위해서

- 포도주의 지혜 │ 지혜의 학교

- 모데라토 칸타빌레 │ 절제를 넘어서 우아하며 느리게

이 모든 자세에서 느림은 더 빠른 박자에 적응하지 못한다는 뜻이 아니다. 느림은 시간을 급하게 다루지 않고 시간에 쫓겨 허둥대지 않겠다는 의지, 결국 세상을 받아들이고 삶의 길에서 우리 자신을 잊지 않는 능력을 키워가겠다는 의지의 확인일 뿐이다.

내가 흥분해서 지나치게 엄격하지는 않지만, 철학적으로 이야기했는지도 모르겠다. 내 마음이 들썩거렸을 수도 있다. 나는 느림과 신속함이 서로 다투는 불확실한 세계에서 한가로이 거닐고 싶다. 그렇다고 활기차고 민첩한 모습을 어떻게 찬양하지 않을 수 있겠는가? 배우는 자신의 역할을 기민하게 해내며 숙련된 역량과 영감까지 보여줘야만 한다. 그런데 어떻게 피가로 역할을 하는 배우에게 감사의 표시를 하지 않을 수 있겠는가?

나는 검사 역할, 하지만 친절하고 너그러운 검사의 역할을 떠맡았다. 따라서 일의 진행을 빨리하며 지칠 줄 모르고 정신 없이 몰아붙이는 사람들을 상대로 소송을 제기했다. 하지만 불확실한 문화적 열풍에도 경계심을 늦추지 않았다. 온갖 형태를 띤 문화에 운명을 바치고, 거기에서 삶의 정당성을 찾는 사람들을 내가 흠모하지 않는 것은 아니다. 이 소송에 다소 엉뚱한 면이 있었다는 걸 인정하지만, 나는 공격적이지 않으면서 신랄하게, 또 충분한 근거하에 비판했기를 바란다. 나는 깊이 생각한 끝에 찾아낸 이상향에 다채로운 색을 입혀주려 애썼다.

도시계획의 지연을 위하여 : 사람과 상품의 자유로운 왕래를 방해하지 않으면서도 우리가 살아가고 거주하는 곳에서 조화로운 관계를 만끽하고 싶은 마음이 고려되어야 한다. 작별 대신 나는 교훈들을 한 아름 안겨주려 한다.

분주하지 않고 가벼운 마음으로 : 어떻게 해야 우리는 세상과 타인을 지배하지 않고 그들에게 친절한 모습을 보여줄 수 있을까? 한마디로, 이 책을 호의적으로 읽고 난 후에 어떻게 해야 더 잘 살 수 있을까?

권태를 즐기고, 황폐하게 변했다고 말해도 과언이 아닌, 잠에 빠진 듯한 시골을 찾고, 대담하고 고독한 글쓰기를 시도하고, 결단코 일어나지 않을 일을 기대하며, 두 팔을 활짝 펼치기보다는 두 손을 다소곳이 모으고, 포도주에만 있는 고유한 지혜에 탐닉한다면, 세상을 향한 불만을 표현하는 짓이 아닐까? 그보다는 더 고결한 다른 길, 달리 말하면 그런 불만의 길이 아니라 차라리 낯선 곳을 찾아가는 길을 선택하는 편이 낫지 않을까? 내가 세상을 향해 불만을 토해낸 것이라고는 생각하지 않는다. 삶은 내게 주어진 기회, 두 번 주어지지 않는 행운이라고 생각한다. 삶이 우리에게 선물을 주기 때문에, 또 이상적으로 균형이 맞춰질 때 기쁨의 크기가 고통의 크기를 넘어서기 때문에 삶이 행운이라는 것은 아니다. 내가 삶을 행운이라 생각하는 이유는, 내가 지금 살아서 아침이면 햇빛을, 저녁이면 어둠을 만나는 행운을 매번 누리기 때문이고, 모든 사물이 본래의 광채를 잃지 않았기 때문이며, 희미하게 피어오르는 미소와 찡그린 얼굴에서 불만을 금세 알아차릴 수 있기 때문이다. 한마디로, 세상이 나에게 말을 걸기 때문이다.

삶 자체는 파도처럼 일렁이며 넓게 펼쳐진다. 삶은 거친 돌풍이나 강물보다는 작고 섬세한 물방울과 같다. 우리를 구속하는 억센 힘이라기보다는 보드랍게 감싸주는 빛과 같다.

모든 인간에게 주어지는 삶이라는 특권을 핑계로 나는 나만의 공간을 원했고, 원했어야 했다. 아무도 없는 공간, 혹은 영원에 가까운 공간에 은거하거나 피신하기 위해서가 아니라, 내가 존재함으로써 발생하는 시간에 시달리고 싶지 않아서였다. 물론, 부정직할 수밖에 없는 온갖 제안을 해오며 내 공간을 차지하려는 사람들도 달갑게 생각하지 않는다. 그래서 그들의 제안에 반대하는 이유를 나는 이 짤막한 책에서 밝혔다. 나만의 속도에 맞추어, 더 정확히 말하면 운명의 여신이 나를 위해 미리 정해둔 속도에 맞추어 살아가도록 나를 내버려 두라고 그들에게 강력하게 요구하는 바다.

시 간 의

압 력 에 서

벗 어 나 기

위 해 서

내가 '지칠 줄 모르는 사람들'이라 일컫는 사람들에게 화가 나는 이유는 그들의 에너지가 결단코 고갈되지 않기 때문이다. 우리는 다소 상당한 양의 에너지를 사용하지만, 여하튼 에너지의 양에는 한계가 있는 법이다. 따라서 엄청난 힘을 쓰고 나면 에너지는 줄어들게 마련이다. 후유증에 시달리는 기간이 지난 후에는 회복되겠지만. 그런데 나는 지칠 줄 모르는 사람들에게서 그런 회복 과정을 본 적이 없고, 그 현상을 확실하게 설명할 방법이 없다. 정신력이 큰 역할을 한다고 말할 수 있을까? 환희와 고통이 뒤섞인, 자신의 한계를 넘어서려는 흥분감이 에너지를 추가로 끌어내는 것일지도 모른다. 그래서 에너지가 고갈되기는커녕 증가하는 것일까? 그들은 열의가 떨어지면 내가 에둘러 표현한, 순환이 제대로 작동하지 않고, 역설적으로 그들의 에너지가 고갈되는 현상까지 보여서, 우울증이나 그 밖의 염려스러운 증후군을 보이는 것으로 해석되기도 한다. 그렇다고 사람들이 흔히 말하듯이, 그들이 '과로'라는 대가를 치르는 거라고 말하지는 말자. 오히려 평소처럼 지칠 줄 모르는 힘을 발휘하지 못해서 에너지 순환계가 고장 난 탓에 그들이 '기운을 잃는 것'이다.

그처럼 유능한 사람들과 경쟁하라는 뜻은 아니지만, 그런 사람들에게 맥없이 추월당하고 싶은 사람은 없을 것이다. 그러나 이런 목표는 무모하고 자가당착이라는 게 금세 밝혀진다. 첫째로, 지칠 줄 모르는 사람들은 경쟁자들이 자신들을 따라잡으려고 한다는 걸 눈치채면 깜짝 놀라 뒤돌아보지만, 곧 에너지를 배로 장착해서 경쟁자들을 떼어놓곤 이렇게 비웃는다.

"뭐야, 저런 하찮은 것들이 우리와 견주려고 했던 거야?"

이런 도전이 그들에게는 최고의 자극제다. 둘째로, 우리는 지칠 줄 모르는 사람을 뒤따르려다 본의 아니게 노동의 평균 기준을 턱없이 높여 버렸다. 따라서 우리는 과거보다 더 높아진 이상을 다시 좇아야 한다. 지칠 줄 모르는 사람들은 자신들만의 경쟁심에 사로잡혀 느림보들을 좀처럼 배려하지 않는다. 오히려 느림보들을 완전히 제압해서 문밖으로 밀어낸다. 나는 그들 중 한 사람이라도 사장에게 "제가 초과근무한 걸 고려해 주십시오. 동료들의 부족한 부분을 제가 메우겠습니다"라고 말하는 걸 한 번도 들은 적이 없었다.

　누구든 지칠 줄 모르는 사람들을 이길 수 없고, 이치를 따져 설득할 수도 없다. 우리 사회처럼 문명화된 사회에서는, 직원들이 직장에 악영향을 주는 그 '노른자위'를 두들겨 패고 위협하는 게 이제는 불가능하다. 그런 행위들은 야만적인 파업, 월요일의 휴업, 철모와 메리야스 셔츠, 자바 춤, 정치 연설, 경찰의 일제 단속, 아코디언 소리에 맞추어 감행되던 공장 점거 등과 같이 시대에 뒤처진 짓이라 여겨진다. 기계만이 우쭐대는 그들의 기세를 꺾을 수 있고, 때로는 그들을 문밖으로 쫓아낼 수 있다.

　옛날에는 남자, 특히 여자가 죽어라 일했다. 여자는 바깥일에다 가사 노동까지 감당해야 했다. 따라서 여자는 일찍 일어나서 늦게 잠자리에 들 수밖에 없었다. 시골 여자들은 엄청난 양의 빨랫감과 싸워야 했고, 완전히 자급자족하며 사는 게 불가능했기 때문에 일주일에 한 번씩은 생필품을 구하려고 읍내까지 걸어가야 했다. 노동자들은 공장 노동으로 인해 체형이 뒤틀렸고, 기관지가 망가졌으며, 노동의 특성에 따른 이런저런 질병에 시달렸다. 은퇴할 즈음이면 그들의 몸은 만신창이가 된 경우가 많았고, 몇 달의 휴식 후에는 유명을 달리했다.

사람들은 이런 과도한 노동을 달갑게 생각하지 않았지만, 그들이 벗어날 수 없는 숙명으로 여기며, 일하지 않고 돈을 버는 사람들의 처지를 부러워했다. 그러나 그런 삶은 결코 그들의 몫이 될 수 없었다.

요즘 달라진 것은, 노동의 한계를 넘어서서 행동하는 것이 한층 우월한 가치로 여겨진다는 점이다. 그렇게 행동하지 않는 사람은 오히려 힘이 빠져 죽고 말 것 같은 분위기를 풍긴다. 따라서 몽상가들, 예컨대 묵상하거나 기도하는 사람들, 조용히 지내는 걸 좋아하거나 존재의 즐거움 자체에 만족하는 사람들은 이런 흐름을 뒤흔들기 때문에 비난을 받는다. 사상가들, 저명한 공상가들도 대거 현재의 흐름에 편입되었다. 그들은 우리 인격을 형성하는 데 반드시 따라야 하는 만큼의 움직임에 동의하지 않고 노동의 한계를 넘어서는 행동을 예찬하기 시작했다. 그 행동의 성격을 따져보지도 않은 채.

은퇴자들은 직장 생활을 하는 동안 상실한 시간을 만회하고 싶어 한다. 그들이 그 어마어마한 계획을 다 해내려면 그들에게 마르지 않는 에너지 창고라도 있어야 할 듯하다. 하기야 여러 분야에 다재다능한 사람, 여러 언어에 능통한 사람, 여러 기술을 지닌 사람들이 있긴 하다. 그들은 온갖 분야에 열중할 수 있고 실질적인 재능을 보여줄 수도 있는 사람들이다. 그들은 바다낚시(참치잡이)와 민물낚시(송어낚시), 동양 언어와 아메리카 인디언 언어, 현재 사용되는 언어와 현재는 쓰이지 않는 언어 및 이 땅에서 기껏해야 백여 명만이 사용하는 언어, 산악자전거와 전통적인 자전거, 오토바이를 타고 하는 크로스컨트리 경주에 열중할 수도 있고, 또는 선사시대의 인간들, 즉 불확실하기 이를 데 없는 우리 조상(호모 에렉투스…)부터 미래 외계인의 삶에까지 관심을 쏟고, 호랑가시나무와 낫도끼를 다루는 방법을 연구하며, 최첨단 전자기기를 가장 먼저 받아들일 수도 있는 사람들이다.

그러면 이게 내가 이런 과도한 행동에 감히 불만을 터뜨리며, 은퇴자들이 양로원에 틀어박혀 사는 걸 보고 싶다는 뜻일까? 절대 그렇지는 않다. 극동지역을 여행하고 돌아와서 뉴욕으로 다시 여행을 떠나기 전에, 또 체육관을 다녀와서 무도장을 찾아가기 전에, 그들이 자신을 돌아보는 방법도 찾아보기를 바랄 뿐이다. 성인이 된 후의 그때까지의 삶에서 그런 기회를 얻지 못했을 테니까. 과거의 회상에 푹 빠지라는 게 아니라, 다음과 같은 본질적인 질문들을 스스로에게 물어보는 시간을 가져보라는 뜻이다.

"과거에 나는 누구였고, 지금은 누구인가? 언제 내가 내 운명을 저버렸고, 언제부터 내 운명을 받아들였던가?"

요컨대 자신의 진정한 모습과 자신에게 주어진 인간 조건에 과감히 맞서보라는 뜻이다. 그들이 사랑했던 사람들, 이 땅에 존재하지 않게 될 때 영원히 어둠에 묻혀버릴 사람들의 이미지를 간직하기 위해서 그들을 기억하는 시간을 가져보라는 뜻이다.

그들은 여가 활동도 극도의 흥분 상태에서 벗어나기는커녕 오히려 더 자극적인 데 바친다. 과거의 휴가 모습을 실제의 일화가 아니라 우화의 방식으로 생각해보자. 한 가족이 보름간의 휴가를 위해서 가구가 딸린 집을 빌린다. 첫날, 그 가족은 짐을 풀고 나서 각자 자신이 지낼 곳을 정돈한다. 다음 날, 느지막이 일어나 바다 공기를 들이마시려고 덧문을 열고, 안개나 햇빛을 만끽하며 감탄사를 터뜨린다. 그리고 덜거덕거리는 식탁에 앉아 여유 있게 점심을 먹는다. 그런 여유로움을 조금도 싫증 내지 않으며, 첫 주를 그런 식으로 보낸다. 그들은 온갖 잡동사니들이 뒤죽박죽 널브러져 있는 일종의 잡화점에 가서 낚싯대, 구명 튜브, 선글라스 등 자질구레한 물건들을 산다. 수영복을 입어보지만, 이상하고 낯선 차림으로 해변까지 가야 할지 망설인다. 별을 보며 둑 위를 걷는 산책도 빠뜨릴 수 없다. 그렇게 첫 주가 훌쩍 지나간 걸 나중에야 깨닫는다. 그래도 아직 일주일이 남아 있어 바닷가 뒤편을 산책하고, 친구들에게 우편엽서를 보내며, 브르타뉴의 계절에 어울리지 않게 비가 내려도 대수롭지 않게 여기며 산책을 즐긴다…. 마침내 마지막 날이 닥치면 다시 짐을 꾸리고, 보름 동안 신세 진 집을 정돈해야 한다.

요즘의 휴가 모습은 이와 완전히 다르다. 겨울 휴가를 보내려고 바캉스 클럽에 참가한 사람이나 가족은 아침 7시까지 기차역이나 버스 정류장에 도착해야 한다. 푸짐한 아침 식사를 끝내고 나면 그들은 스키장 슬로프에 내팽개쳐진다. 휴식 시간은 오후 2시경에 슬로프 꼭대기의 휴게소에서 가지기로 예정되어 있다. 그들은 마지막 리프트나 케이블카를 타려고 명예까지 내팽개친다. 슬로프에서는 지옥을 맛보게 해주려는 듯 코치가 그들을 지독하게 몰아붙인다. 코치의 지시를 따르지 못하는 사람은 안타깝게도 중급반에서 하급반으로 혹은 초급반으로 밀려 나간다. 저녁 식사 후에는 레크리에이션 진행자들이 그들을 떠맡는다. 그런 후 스케줄이 모두 끝나면, 다음 주의 인파에 휩쓸리지 않기 위해서 도착 때만큼 서둘러서 도망

가야 하니, 약삭빠르게 행동해야 한다. 그러지 않으면 가방과 스키, 심지어 아이들까지 뒤바뀔 수 있으니까.

기계가 인력의 많은 부분을 대신하게 되면서부터 여가 사회를 재정비하는 문제가 대두되었다. 사회학자들, 특히 앙드레 고르스*처럼 유토피아를 꿈꾼 학자들은 한가한 시간을 새롭게 활용하는 법을 제안했다. 사회학자들은 어떤 것도 강요하지 않았지만, 그들의 제안들에는 약간 빡빡한 면이 있었다. 새로운 문화를 맞이한 시민들의 하루하루는 다양하고 매력적인 활동들로 채워져서, 지금의 우리 사회가 편안하고 한가롭게 보일 지경이었다. 무사태평하게 이것저것을 집적거린다는 건 생각조차 할 수 없었다. 물론 마르크스도 일찌감치 누구나 자신만의 시간에는 사냥꾼도 될 수 있고 몽상가도 될 수 있으며 낚시꾼도 될 수 있다고 말했지만…. 그의 글은 목가적인 분위기를 띠었고, 여가에도 실제 생활과 똑같은 압력이 가해질 거라는 걸 예측하지 못했다.

여기에서 내 의견을 한층 더 명확히 하기 위해서 하느님과 예수의 일정을 생각해보려 한다. 그렇다고 하느님의 노동과 그 결과를 폄훼할 생각은 조금도 없다. 하느님은 물과 땅과 하늘을 창조하시고, 원래 혼란스레 뒤섞여 있던 그것들에 경계를 지으셨다. 또 별들을 만드셨다. 물고기의 세계와 새들의 세계를 만드는 것도 잊지 않으셨고, 먼 훗날 오스트레일리아와 아시아와 알프스로 나뉘는 경계의 기초까지 놓으셨다. 끝으로는 가장 경이로운 작품, 아담을 만드셨다. 이는 결단코 사소한 일이 아니다. 크세르크세스 대왕부터 루이 14세와 프랑수아 미테랑 대통령에 이르기까지 우리의 군주들이 이룩한 업적들도 이 광대한 작업장에 비하면 아무것도 아니다. 그러나 하느님도 일곱 번째 날엔 휴식을 취하셨고(그 휴식은 아직 끝나지 않았다), 내 기억에 하느님은 만족감을 표하셨다. 적어도 그때까지는 자신의 작품에 만족하셨다. 추후 드러날 결함을 예감하지 못했기 때문이다. 또 마침내 휴식을 취하시며 느긋하게 턱수염을 매끈하게 다듬고 새하얀 튜닉을 입을 수도 있었기 때문이다. 하루의 일을 끝낸 유능한 노동자처럼 하느님에게 자신의 작품을 바라보며 감상하는 즐거움은, 아직 우주의 한 부분이 아닌 세계의 주요 부분들을 완전히 뒤섞는 것보다 더 컸던 것 같다.

화가들과 설교자들은 그리스도가 십자가를 메고 걸었던 길을 종종 묘사하곤 했다. 골고다 언덕길이 우리에게는 완만하게 보이지만, 십자가는 그리스도가 감당하기에는 무척 무거웠다. 더구나 예수는 방랑자에게 영감을 받은 듯한 삶을 살았고, 제자들에게도 똑같은 삶을 살라고, 즉 목수나 어부라는 직업에 매몰되지 말라고 가르쳤다. 예수는 힘들이지 않고 기적을 일으켰다. 이런 것이 바로 하느님의 은총이다. 세상 사람들이 우리에게 적대적이기를 멈추고, 우리가 예수에게 공손히 말하기만 하면 예수는 우리의 소원을 들어준다. 바다가 요동칠 때 다른 사람들은 생명의 위험을 무릅쓰면서 어떻게든 해안가로 가려고 발버둥 치지만, 물에서 놀며 잔뼈가 굵은 수영선수들도 수천 킬로미터를 훈련하고 나면 어깨가 빠지는데, 예수는 물 위를 미끄러지듯 부드럽게 걸었다. 옛날에 빵집 주인들은 새벽같이 일어나 반죽을 만들었고, 뜨거운 열기에 그들의 몸에서 땀이 줄줄 흐를 때면 그들은 물을 벌컥벌컥 들이켰다. 이에 견주고자 하는 것은 아니지만, 예수는 반죽에 손을 대지도 않고 작은 빵을 수백 배로 늘렸다. 포도나무에 양질의 포도송이가 열리게 하려면 얼마나 많은 정성을 기울여야 하는가! 또 외과 의사림은 환자의 생명을 유지하려고 얼마나 치료에 집중하는가. 그런데도 예수 그리스도는 "일어나서 걸어라"라고 명령하는 것으로 족했다. 나사로는 그 명령에 따라 일어나서 걸었다. 예수는 자신과 제자들이 겨울을 어떻게 보냈는지는 전혀 언급하지 않았다. 내 생각에는 그들이 휴식을 취했을 것 같다. 더구나 팔레스타인은 돌아다니기에 오랜 시간이 걸리는 땅이 아니잖은가. 하지만 요즘에 어떤 주인, 어떤 교육자, 어떤 종교 지도자가 우리에게 그런 식으로 예수 그리스도를 본받으라고 말하겠는가?

나는 우등생과 열등생 사이에 암묵적인 묵계가 있다는 걸 알아챘다. 양극단은 서로 만나기도 한다지만, 우등생에게는 공부를 쉽게 해내는 능력이 있고, 열등생은 공부에 관심이 없어 학교생활에 우등생처럼 적극적이지 않다는 것이 그것이다. 그런데 재능이 뛰어난 아이는 완전히 다른 면을 지닌 전형적인 예다. 즉, 신속한 행동으로 경쟁자들을 가능한 한 빨리 압도하려는 면이다. 그런 아이는 남달리 빨리 발전해서 꼬마 친구들을 따돌리고 홀로 우뚝 선다. 그는 노벨상을 타고, 그의 능력에 필적할 상대가 없는 이 땅에서 사라지는 것 말고는 달리 할 일이 남지 않는다. 비정한 논리에 따르면, 똑똑한 천재가 있는 까닭에 열등한 둔재가 있는 법이다.

그러나 유능한 사람과 무능한 사람이 공존하는 게 세상의 이치 아닐까? 과거에 똑똑한 사람들은 다른 삶, 덜 힘든 삶을 살았다. 뛰어난 자질 덕분에 그들은 악착스럽게 공부하지 않았다. 그들은 별로 힘들이지 않고도 학급에서 일등을 차지했다. 때로는 규율에 얽매이지 않고 친구들과 어울리는 걸 즐겼다. 보잘것없는 성적을 받다가도 학기 말에 분발해서 일등으로 학년을 끝마쳤다. 또 중요한 과목들, 즉 자신에게 찬란한 경력을 보장해줄 과목들에서 우수한 성적을 올리려고 안달하기는커녕 체스나 테니스에 열중했다. 그들에게는 골프 바지의 반듯한 주름이 학교 성적보다 더 중요한 듯했다. 그들의 부모도 아들을 무대 앞으로 밀어내려고 하기는커녕 아들의 재능을 약간 부담스럽게 여겼다. 우리에게는 매 순간 우주의 상태를 계산해내는 전자기계보다 율리시스나 몽테뉴 혹은 라블레*의 탁월함, 즉 '칼로스카가토스(아름다움과 선함을 갖춘 성숙한 인격체)'에 더 가깝게 느껴진다.

지칠 줄 모르는 사람들을 향한 내 분노의 폭발이 타당한 걸까? 우리의 생명을 유지하기 위해서 신체 기관들이 펼치는 노력을 알게 되었을 때, 내 주장이 과연 맞는지 흔들렸다. 휴식을 취할 때 내 심장은 하루에 약 십팔만 번 뛰며 팔천육백 리터의 피를 운반한다. 일만이천 리터의 공기도 필요하다. 이 정도라면 나도 라블레의 소설에 등장하는 거인들에 필적하지 않겠는가? 또 한 번 사정(射精)할 때마다 일억팔천만 마리에 이르는 정자가 배출된다고 한다. 내가 차분한 눈빛으로 세상을 바라보고 있다고 생각할 때도, 내 속눈썹은 하루 일만천오백 번 깜빡인다. 밤에 자면서도 우리가 자세를 평균 서른 번 정도 바꾸는 게 사실이라면, 이런 극단적인 움직임은 멈추지 않는 것으로 여겨질 수 있다. 하지만 이런 걸 자랑이라고 내세울 필요가 있을까? 우리 몸은 끊임없이 일하며, 매일 놀라운 성과를 거두어내는 기계와 비슷하니 말이다.

하지만 우리 의지와 상관없이 매일 새롭게 반복되는 성과들이다. 이 말에서 모든 것이 뒤바뀐다. 우리에게는 휴식을 취하고, 안식일을 기원하는 게 애초부터 불가능하다. 분비물만 생각해봐도 그렇다. 말하기 창피하지만 나는 평균 일 리터의 침을 분비하고, 일 리터의 쓸개즙을 쓸개와 창자에 비워낸다. 우리의 인체 구조 탓에, 프랑스 전역에서 매일 팔백만사 톤의 대변이 배설된다. 에펠탑의 무게와 거의 비슷하다. 물론 긍정적인 면이 하나 있기는 하다. 마흔 살을 넘어서부터는 내 몸에서 매일 이만 개의 뉴런이 사라진다는 점이다. 그래도 이 짤막한 책을 완성하기에는 충분한 뉴런이 아직 내게 남아 있다.

매일 반복되는 이런 극단적인 움직임을 어떻게 해석해야 할까? 사회경제적인 요인들이 중요하기는 하지만, 이 점들을 강조하려는 것은 아니다. 대담하게 들리겠지만 이것들을 이데올로기적 관점, 그것도 다각도에서 해석해보려 한다. 나에겐 여기에서 역설적으로 우리가 의무라고 배운 도덕의 결과를 엿보는 듯하다. 그 의무는 시간이 지날수록 많아지지만, 우리는 우리 몸에 대한 의무도 있다고 배웠다. 몸의 잠재적 능력을 무시할 수는 없지만, 우리는 우리의 몸을 그 잠재적 능력에만 맡겨두어서는 안 된다. 우리는 몸을 유지하고 보호하며 가꾸어야 한다. 이 세 가지 목적은 결코 사소한 것이 아니다.

이 목표들을 제대로 완수하려면 여가를 몽땅 할애해야 한다. 일례로 끊임없이 자기 권리를 요구하며 우리에게 불만을 드러내고, 점점 까다롭게 변해가는 녀석, 즉 성기의 경우를 들 수 있다. 식물과 동물, 자연과 도시, 기억하고 보살피지 않으면 사라져버릴 수도 있는 과거, 뒤뚱뒤뚱 우리에게 다가오는 미래를 무시해서도 안 된다. 우리 선조들에게는 물론이고, 우리 후손들과 그 후손의 자식들에게도 우리가 필요하다. 우리가 자식들에게 그랬듯이 지구에도 무관심했다는 걸 나는 솔직히 인정한다. 그러나 이런 자각이 상당한 발전을 의미한다는 게 내 생각이다. 이런 자각에 따라 인류 역사상 유례없는 노력이 시작된다. 우리가 우리 자신에 대해 갖는 의무, 즉 가능한

한 많은 경험을 함으로써 자아를 실현해야 한다는 의무가 이런 의무들에 더해지기 때문에 이런 자각이 더욱 필요하다. 그런데 기술의 발달로 인해 우리의 경험치가 많이 증가했다. 이제 우리에게는 "하지만 이건 불가능해"라고 투덜거릴 권리가 없다.

사르트르는 이런 상황을 일찍이 지적하며 "우리는 모든 것에 대해서 모두에게 책임져야 한다"라고 말했다. 이 말을 문자 그대로 받아들이면, 우리는 끝없이 더 많은 일을 해야겠다는 결의를 다지거나, 반대로 끝없이 계속되는 일을 감당할 수 없어 낙담하게 된다는 의미다. 전자의 경우라면, 초인은 더는 엘리트에게만 한정된 불확실하고 의심스러운 이상이 아니다. 곧 우리 대부분이 체격과 지능, 의지와 능력에서 인간의 한계를 넘어서게 될 것이다. 이미 새 세대는 정보통신기기를 다루는 데 뛰어난 솜씨를 보여주고 있다. 게다가 우리는 인간의 몸을 정교하게 조작해서 몸의 힘을 다시 만들어가는 중이다.

느림은 과거의 가치에서 마지막으로 남은 가치인 듯하다. 요즘에는 인간의 재능이 발휘되는 모든 영역에서 항상 더 빨리 반응하고 더 빨리 정보를 얻고, 더 빨리 보고 더 빨리 계획을 세워야 하기 때문이다. 이 새로운 무리에 비교하면, 내가 지금껏 비판한, 지칠 줄 모르는 사람들조차 구제 불능인 게으름뱅이처럼 거의 대뇌 활동에 장애가 있는 사람처럼 보일 것이다.

걷기, 달리기, 접촉하기, 시작하기, 보기, 듣기 등과 같이 지극히 평범한 행위들도 당연한 것이 아니다. 이런 행위들은 반복된 연습이 있은 다음에야 구체화되는데, 연습이 무의식적으로 행해지기 때문에 우리는 그런 행위들을 연습하고 있다는 사실조차 인지하지 못한다. 과거에 우리는 수많은 경험에 근거한 이런 분석의 결과를 바탕으로 노동을 찬양했지만, 우리의 정신과 감각이 끊임없이 행하는 노동과 이미 결정된 사회 시스템 내에서 우리가 어쩔 수 없이 행해야 하는 노동, 즉 우리 인간성을 박탈하면서도 우리를 풍요롭게 만들어주지 못하는 노동을 뚜렷하게 구분하지 않았다.

우리는 행동을 무척 다양한 형태로 찬양하면서 노동의 세계와 시간 너머로까지 확대했다. 이제 행동은 과거에 여가 활동조차 인정하지 않는 휴식만을 말했던 시간에서도 주된 가치로 여겨진다. 이런 생각은 조만간 모든 연령층으로 확산할 듯한 분위기다. 그럼 청소년기에도? 청소년기는 지식을 습득하기에 최적인 시기여서, 방향을 잡지 못하고 방황하며 그 시기를 허비하는 건 바람직하지 않다는 설득이 제시될 것이다. 지금 우리는 노동 세계의 끝자락에 있다. 앞으로는 많은 정보를 확보한 사람들과 풍부한 지식을 갖춘 사람들만이 노동 세계에 들어갈 것이다. 게다가 젊은이들은 하루라도 빨리 어른들의 세계로 들어가기를 열망하는 듯하다.

질병에 걸리면 어떻게 하냐고? 과거에는 새로 간 시트의 풋풋함을 만끽하며 방구석에 누워서 식구들이 분주하게 움직이는 소리를 들을 수 있는 저녁이 희미한 빛에 녹아들기를 기다리면 충분했다. 그러나 요즘에는 질병을 적으로 취급하며 맞서 싸워야 할 대상으로 여긴다. 따라서 공격적인 무기를 사용하고, 우리가 전에는 같은 편으로 생각조차 하지 않았던 사람의 도움까지 받고 싶어 한다. 심장 절개 수술을 한 후에 최대한 빨리 병원을 떠날 수 있는 의사는 수술 성공으로 박수를 받겠지만, 회복이 더딘 환자는 의학의 이미지를 떨어뜨렸다는 죄로 의료진에게 협조하지 않는다는 의심을 받을 것이다(이런 협조도 이제는 중요한 덕목이 되었다). 그래도 의료 서비스가 주어지는 특별하고 색다른 매력을 지닌 병실에서 꾸물거리며 시간을 보내고 싶어 하는 환자들이 ─ 심신의 고유한 무기를 동원해서 의료 서비스에 반발하는 이들도 환자라고 불러야 할지 모르겠다 ─ 전혀 없지는 않을 것이다.

내가 속한 노년층의 운명으로 다시 돌아가 보자. 과거에 노년층은 마침내 휴식할 권리를 얻은 사람들이었다. 예컨대 양지바른 곳에 놓인 벤치에 앉아 시간을 보내고, 한없이 카드 게임을 즐기며, 카페에 앉아 백포도주 잔을 지긋이 바라보며 조금씩 홀짝거리고, 벤치에서 집까지 종종걸음으로 돌아가고, 담배쌈지를 살짝 열어 담배를 조심스레 말고, 신문에서 부고란을 훑어보는 권리를 얻은 사람들 말이다. 또 여자들은 뜨개질하거나, 뜨개질한 옷이나 숄을 걸쳤다가 벗고 다시 걸치며 (기온이 시시각각으로 변하니까), 흰 강낭콩의 껍질을 벗기고, 그 껍질들을 신문지에 모아서는 쓰레기통에 버렸다. 이렇게 과거의 노령자들은 황혼의 나날들을 겸허하면서도 명예롭게 써 내려갔다. 이제 장년층이 그들의 뒤를 이어 노년층이 되었지만, 여전히 건강하고 활달해서 그들에게는 온갖 종류의 일에 도전해보라는 권고가 끊이지 않는다.

안타깝게도 지칠 줄 모르는 사람들은 피로라는 걸 전혀 모르는 듯하다. 우리를 극도로 자극해서 잠을 방해하고 타인과의 관계까지 저해하는 피로가 아니라, 우리 몸이 조금씩 잠식당해 결국 우리 몸에서 비롯되는 피로를 말하는 것이다. 그러나 우리는 마침내 손의 힘이 약해지고, 눈가에 주름이 잡히는 순간이 조만간 닥치리라는 걸 예감한다. 이는 세상을 전적으로 신뢰하며 우리가 우리에게 맡겨진 역할을 잘해낸 때문이고, 무엇보다 피로는 (사랑처럼, 배가 고프면 밥을 먹어야 하는 것처럼) 육신의 작품의 자아로의 회귀이며 우연의 망각이어서, 우리가 다른 즐거움과 마찬가지로 피로마저 우리 안에서 조금씩 키워왔기 때문이다. 이런 피로는 우리가 끈기 있게 획득한 것이 무엇인지 집약해 보여주려고, 우리 몸에 기념으로 남긴 흔적이다. 따라서 피로에 젖은 얼굴과 몸은 숭고하게 보인다. 육신, 정확히 말해서 우리 문화에 감추어진 육신은, 정신이 무너지지 않고 불끈대는 근육과 뒤섞여서 하나가 되는 순간들에 감동적으로 다시 모습을 드러낸다.

## 한가로이
## 걷기

한가로이 걷는다는 것은 시간을 멈추는 게 아니라, 시간에 떼밀리지 않고 그 흐름에 순응한다는 뜻이다. 한가로이 걷기 위해서는 여유로움이 전제되어야 한다. 요컨대 목적지에 이르기 위해 세상에 구애받지 않겠다는 의지가 있어야 한다. 한가로이 거닐 때 우리는 물건들을 그저 구경할 뿐, 그 물건들을 반드시 사겠다는 욕심까지 부리지는 않는다. 주변 사람들의 얼굴을 조심스레 바라보지만 그들의 관심을 끌려고는 하지 않는다. 나는 분주한 도시에서도 느긋하게 천천히 한 걸음씩 내딛는 것을, 상품화된 사회에서도 순간의 경이로움을 맛보게 해주는 중요한 오브제라 생각하고 싶다. 한가로이 걷는 여인의 모습에서는 당당하면서도 유려한 면마저 엿보이고, 한가로이 걷는 남자의 쉴 새 없이 움직이는, 호기심에 찬 신중한 눈빛은 총기로 번뜩인다. 둘 다 나에게는 즐겁게 관찰해보고 싶은 대상이다.

주위에 지나치게 관심을 기울이면 느긋한 산책에 좋을 것이 없다. 길거리의 풍경과 행인들의 얼굴을 지나치게 유심히 관찰하면, 그것들이 기묘하게 본래와는 다른 모습으로 변해버린다. 따라서 한가롭게 산책하는 사람에게서 어떤 것도 개입하지 않은 행복감을 빼앗아 간다. 통제할 수 있는 반수면 상태보다 비판적인 시각을 띠게 되기 때문이다. 이렇게 되면 조르주 페렉*이 말한 것처럼 공간은 우리가 치밀하게 그 특징을 해석하려 하지 않고 푹 빠져드는 존재가 아니라 의혹 거리가 된다.

"눈에 보이는 것을 주목하라. 주목할 만한 것이 무엇인지 알아낼 수 있는가? 우리에게 강한 인상을 주는 것이 있는가?… 더욱 냉철하게 관찰해야 한다.… 아주 짧은 순간이라도 낯선 도시에 있다는 기분을 느낄 수 있을 정도로. 더 구체적으로 말하면, 현재 무슨 일이 일어나고 어떤 일이 일어나지 않는지 알아차리지 못할 정도로. 주변 전체가 낯선 곳으로 변하고, 눈앞의 공간이 도시, 도로, 건물, 인도… 라고 불린다는 것조차 인식하지 못할 정도로."

어떤 도시가 구체적인 물건과 더는 동일시되지 않을 때, 예컨대 그 도시와 그 도시의 푸른 나무의 관계를 끊어낼 때, 우리는 그 도시에 대해 지녔던 본래의 믿음에 의문을 품게 된다. 신중한 시선으로 다른 사람들은 모르고 넘어갔던 것을 찾아내는 것도 좋지만, 소박한 시선으로 걸모습 뒤에 감추어진 면까지 파헤치지 않는 편이 더 낫다.

한가롭게 걷는 사람은 자신이 선택받은 사람이라 생각하지도 않고, 기적과 성지를 새롭게 찾아내려는 계획에 참여한다고도 생각하지 않는다. 이런 점에서, 경이로운 숲을 거닐듯이 도시를 산책하며 영감을 얻는 예술가들과 다르다. 예컨대 시인 앙드레 브르통*은 "이유는 모르겠지만 발걸음이 닿는 대로 걷다 보면 나는 항상 그곳에 와 있다. 특별한 목적도 없이 거의 언제나 그곳에 간다. 이 막연한 현상, 즉 나에게 그곳에 가라고 부추기는 것은 없다"라고 말했다.

그러나 어떤 도시가 우리에게 울컥하는 감정을 불러일으키지 못한다면, 그래서 그 도시에서 우리가 예지력을 발휘할 기회를 잡지 못한다면, 산책이란 진부하기 이를 데 없는 행위에 구체적인 가치를 부여할 이유가 있을까? 사실 한가로운 산책에서 얻는 행복은 시선으로부터 오는 것이 아니라 걷는 행위 자체, 또 자유로운 호흡과 어떤 것에도 방해받지 않고 무엇이든 볼 수 있는 시선, 이 세상을 마음대로 사용할 권리를 누리는 게 당연하다는 듯이 이 세상에서 느끼는 편안함으로부터 주어지는 것이다.

그러나 나는 이런 여유로움이 항상 기분의 문제는 아니고, 특별한 사회적 조건, 즉 일종의 호사에서 비롯된다고 생각한다. 노동자들은 분주하게 움직이며 바쁘게 살아가지만, 이런 저주스러운 삶에서 벗어난 사람들이 있다. 시골에서 살 때, 우리는 뜨거운 여름에 토마토밭에서 허리를 구부리고 일하는데, 느긋하게 산책하는 사람들을 보면서 그와 똑같은 감정을 느꼈다. 물론 그들 중에는 휴가를 즐길 만한 자격을 지닌 사람도 적지 않았다. 그렇다고 그들이 여유 있게 거닐면서 우리에게 다정한 손짓을 살그머니 보낼 때마다 우리가 그런 행동을 몰상식하다고 생각하지 않은 것은 아니다.

바쁜 사람들, 이런저런 책임을 떠맡은 사람들은 느긋하게 걸어 다닐 틈이 없다. 그들은 낭비할 시간이 없다고 항변한다. 무엇보다 그들이 도시에서 맡은 역할 때문에 시간을 낭비할 여유가 없다고 말한다. 공연물을 기획하든 다른 공간을 만들어내려 하든 간에 그들은 분주하고 화급하게 처리해야 할 일들에서 벗어나지 못한다. 공연 기획자는 주민들을 즐겁게 해주고 자신의 창의력이 고갈되지 않도록 끊임없이 행사를 기획한다. 게다가 새로운 공연을 제작하는 게 그의 책임이기도 하다. 도시계획 전문가는 도시의 담과 분위기를 바꾸고 싶을 때마다 휴식이란 걸 모른다. 도시는 온갖 해악으로 신음한다. 각 구역에 신경을 써야 하는 건 당연하지만 도시 전체의 이미지도 고려해야 하는 이유다. 현대적인 도시는 과거를 멋없이 모방해서도 안 되지만 충격적이어서도 안 된다. 어린아이들과 노인들을 위한 도시, 현지인과 여행객을 위한 도시가 필요하다. 도시계획 전문가들은 이를 위한 계획을 실행에 옮기지만 곧 방향을 바꾼다. 책임은 변덕스러운 정치계로 돌려진다. 그러지 않으면 그들이 지나치게 원대한 계획을 그렸거나 지나치게 좀스러운 계획을 세운 셈이 되니까.

그러나 도시계획 전문가가 자신이 떠맡은 지역의 요구들을 여유 있게 경청할 시간을 가졌더라면, 또 겸손한 산책자가 되어 느긋하게 도시를 돌아보았더라면 그처럼 많은 실수는 피할 수 있었을 것이다.

'한가로이 걷기'는 산책과 많은 점에서 다르다. 물론 한가로이 걷기도 흔히 건강에 좋다는 이유로 정당성을 부여받는다. 소화에 도움이 되고, 맑은 공기를 허파에 가득 채울 수 있어 건강에 좋다는 것이다. 이런 시시한 이유를 넘어 한가로이 걷기의 장점을 만끽하려면, 나와 모든 점에서 의견이 다르고 나를 궁지에 몰아넣어 탄성을 자아내게 만들거나 화를 터뜨리게 만드는 친구와 함께 걸어야 한다. 우리 입씨름이 옆으로 새어 예상하지 못한 방향으로 전개되듯이, 한가로이 거닐 때도 뜻밖의 곳, 예컨대 어떤 사거리나 어떤 카페를 지나게 된다. 드물기는 하지만 시골길을 거닐 때는 어떤 시냇물, 어떤 덤불 숲, 또 덤불 숲을 나와서는 험상궂게 생긴 농부를 마주치기도 한다. 내게는 나만큼이나 말싸움을 좋아하는 친구들이 조금 있다. 우리는 거의 모든 주제에서 생각이 다르다. 우리는 어떤 주제이든 환영한다. 정치와 사회생활과 형이상학, 심지어 스포츠까지.

야외에서 벌이는 이런 대화들은 과거에 훨씬 더 공상적인 면을 띠었던 것 같다. 당시 우리는 스무 살이었다. 나와 친구들이 젊었기 때문만은 아니었다. 우리가 한가롭게 거닐며 입씨름하던 파리가 산책자들에게 지금보다 더 많은 자유를 허락해주었기 때문이다. 새벽이나 밤늦은 시간에 거의 인적이 끊어진 파리는 자신을 환히 열고 어떤 구속도 없이 우리를 너그럽게 받아들였다. 우리는 때때로 시계추처럼 밤새도록 이 언덕에서 저 언덕으로, 또 저 언덕에서 이 언덕으로 왔다 갔다 했고, 그때까지 문을 연 카페에 앉아 잠시 휴식을 취했으며, 사랑스러운 도시에 다시 탄생하는 하루를 묵묵히 맞아들였고, 호흡을 가다듬으며 다시 입씨름을 시작했다. 열 시경에야 우리는 전투를 중단하고 잠자리에 들기로 합의를 보았다. 일반적으로 우리가 대화를 나누며 거닐 수 있는 구역은 제한적이었다. 우리가 포르트 드릴라가나 몽파르나스가를 넘어가는 경우는 거의 없었다. 우리는 아르쉬브가와 랑뷔토가 사이에 있는 중앙시장 부근을 맴돌았다. 그곳에 감도는 생동감에 우리는 불편을 느끼기는커녕 오히려 더욱 흥분했다. 저녁이 되면 곳곳에 불이 밝혀졌다. 건장한 사람들이 채소 바구니나 과일 바구니를 싣고 내리는 동안 우리는 계속 얘기를 나누면서 그곳에 맴도는 희열과 함께하며, 우리만의 방식으로, 즉 우리 입씨름의 불길로 그곳의 열기를 더욱 뜨겁게 한다는 기분에 젖어들었다.

중앙시장은 이제 사라지고 없어, 내가 다시 스무 살이 되더라도 우리는 그때처럼 뜨겁게 가슴을 불태우지는 못할 것 같다. 간판과 광고판이 너무 많아 그것들을 피해 다니느라 정상적으로 이야기를 나누는 건 불가능할 듯하다. 과거에 우리는 몽토르괴유가와 티크톤가 부근에서 주로 입씨름을 벌였다. 우리는 상품 진열대를 비켜 다녀야 했고, 장을 보러 나온 주부들과 부딪치지 않으려고 조심해야 했다. 따라서 몸을 자주 움직여야 했고 덩달아 우리 목소리 톤도 높아지고 말이 많아졌다. 우리는 아름다운 구역들을 결코 무관심하게 지나치지 않았다. 멋지게 보이는 건물들, 브레테유가의 가로수 길처럼 가지런히 심긴 나무들을 만나면 어김없이 걸음을 멈추었다. 우리 눈을 사로잡은 호화로운 건물과 그윽한 분위기가 우리를 편안하게 감쌌다. 우리는 여유 있게 세상을 다시 만들 수 있었다. 그곳에 사는 부유한 사람들이 우리를 상냥하게 맞아주도록 그들의 운명까지 바꿔놓기도 했다. 몇몇 다리에서는 우리는 입을 다물고 휴식을 취하며 센강을 묵묵히 바라보았다. 좌우로 드넓게 펼쳐진 강변에 파리의 중요한 지역들이 늘어섰고, 건물 숲에 가려졌던 하늘이 갑자기 드러나기도 했다. 이런 삼라만상의 아름다움만으로도 우리는 행복했는데 굳이 딴말이 필요했겠는가? 솔직히 말해서 우리는 체질적으로 조용한 사람들이 아니었다. 센강을 바라보며 위안을 얻고 원기를 회복하면 우리는 강변을 떠나 다시 끝없는 논쟁 속으로 더 힘차게 달음박질하기 시작했다.

우리가 그렇게 밤을 지새우며 대화를 나누었던 주된 목적이 무엇이었는지는 기억나지 않는다. 나이가 든 지금 생각하면 놀랍기만 한, 지적인 자극을 즐겼던 것일까? 아니면 이 특별한 도시를 조금씩 더 알아가는 즐거움을 만끽했던 것일까? 인적이 드문 시간에 나는 친구들과 함께 뤽상부르 공원이나 몽수리 공원 같은 몇몇 공원을 주로 찾았다. 우리는 오솔길과 옆길을 걸었다. 내 생각에 그런 길은 양 지점을 잇는 일반적인 길과 달랐다. 훨씬 더 문명화되고, 바람과 소음과 타인의 시선을 나무로 가려주는 길이었다. 그런 길이 갖는 아늑함 덕분에 우리는 단어를 더 신중히 선택하고, 상대가 쏟아내는 말을 귀담아 듣고 좀 더 깊이 생각할 수 있었다.

무엇보다 일반적인 길과 다른 점이 있었다면, 도시를 등지는 출발점이 아니라 우리를 대화나 명상으로 인도하는 길이라는 점이었다. 도시와 공원과 구역에는 하나의 공통점이 있었다. 우리의 생각이 달아나고 주의력이 분산되는 걸 막아주는 울타리가 있었다는 점이다. 반면에 유명한 유적들은 우리 입씨름의 흐름을 끊어버렸다.

내가 사색의 장소로 시골을 선택하는 경우는 극히 드물었다. 시골에 들어서면 내가 습관적으로 몽상에 빠지는 경향이 있었기 때문이다. 몽상에 빠지면 이성적으로 추론해서 반박하고 논쟁할 필요가 없지 않은가. 따라서 시골에서 나는 나 자신을 상대로 이야기를 나누었다. 엄격하게 말하면, 독백은 철학적인 대화와 몽상의 중간쯤에 위치한다. 또 우리는 누군가를 상대로 명확하게 말하기보다 더 자주 혼잣말로 우리 생각을 중얼거린다. 나는 시골길을 거닐 때면 이런 독백에 빠져들었다. 깊은 사색을 위해서는 외부자가 필요하지 않은 듯했다. 외부인이 있었더라면 쓸데없이 말을 걸어 내 사색의 흐름을 방해했을 것이고, 언제나 상대를 이기려 하던 나는 진리의 탐구란 목적에서 벗어나 길을 잃고 말았을 것이다.

내가 과거에 친구들과 한가롭게 거닐며 대화를 나누었다는 사실을 지금 와서 말하는 게 타당한 것일까? 한가로이 걷기는 어떤 결과도 기대하지 않는 행위이고, 그렇게 걷는 사람의 뺨이 약간 발그스레해지는 효과만을 낳는 행위로 여겨진다. 무사태평하지는 않았어도 우리에게 분주한 여행자나 노동자와 달리 일정한 목적이 없었던 건 사실이다. 목적지가 분명하지도 않았지만, 우리가 걷고 찾아내는 길 자체가 목적지보다 더 중요했다. 그러나 우리는 아무 생각도 없이 무작정 한가로이 걷는 경박한 사람들과 달랐다. 우리에게는 기억에 남을 만한 모험을 시도하는 자부심, 그 모험에 우리 존재에서 무시할 수 없는 부분을 내던졌다는 자부심이 있었다. 가벼운 행동 속에서도 우리는 어느 정도의 진지함까지 포기하지는 않았다.

　우리는 극한 상황까지 치닫고 싶었고, 피로감 덕분에 그런 극한 상황을 경험할 수 있었다. 우리가 솔직하게 인정한 피로감이었고, 마땅히 존중받아야 할 피로감이었다. 그러나 공평하기 위해서는 도시까지도 '피로'하게 만들어야 했다. 우리가 잔혹하기 때문도 아니었고, 도시의 약점을 잡아내기 위한 것도 아니었다. 그곳 주민들이나 그곳을 지나가는 사람들 대부분이 인지조차 하지 못하는 도시의 진정한 얼굴을 우리에게 드러내 보이게 하기 위함이었다.


내가 이제 혼자가 된 까닭에 과장되게 말했다는 걸 인정한다. 자연이 빚어내는 광경은 숭고한 모습을 띨 때 내 생각에 종교적인 색채를 덧입힌다. 나는 인간의 허약함에 대해서, 제국의 덧없는 영광에 대해서, 또 임박한 죽음에 대해서 깊이 생각해 본다. 도시는 본질상 종교와 무관한 까닭에 도시에서 나는 이성의 명령에 따라 생각하는 경향을 띨 수밖에 없다.

　나는 라모의 조카(드니 디드로*의 소설, 《라모의 조카》의 주인공-옮긴이)와 함께 산책하고 싶었다.

　말루는 물론이고 옷차림과 행동도 엉뚱하고 기발하기 그지

없는 주인공이지 않은가. 무언의 몸짓이 경이로운 언어와 경쟁하고, 불규칙해서 예측하기 힘든 길이 마구 뛰어다니는 장난꾸러기를 더 똑똑하게 만들어주는 것처럼! 이렇게 나는 기상천외한 사람들을 끌어모았다. 그러나 그들은 단어와 감각과 이미지에 의지하는 만큼 생동감 넘치는 상상력이 부족했다. 모든 것을 양보해서, 적어도 생각의 영역에서는 모든 것이 허용되는 시대에 양심을 지니며 위험한 생각들을 주물럭거리는 행복을 누릴 수 있을까? 실험이 이미 체계화되어 이제는 합리적인 모델을 따르는 시대인 만큼 도발적인 실험을 감행하는 환상을 품는 것이 괜찮을까?

듣기

타인의 목소리를 경청하면 적어도 우리 자신의 목소리를 듣지 않는 효과가 있다. 예컨대 주변에서 흔히 충고하는 '우리 몸의 목소리를 듣지' 않게 된다. 이 잘못된 충고가 그럴듯하게 들리는 이유는 몸이 대상과 주체의 중간에 위치하기 때문이다. 먼저 대상으로서 몸은 결코 완전히 우리 자신이 아니며, 우리가 몸을 보살피는 모양새를 띤다. 한편, 주체로서의 몸은 우리가 하는 말을 듣고, 우리와 대화를 이어갈 수 있다.

우리는 '타인의 말을 경청하는 행위'에서 타자의 고통을 덜어주는 것에 만족하지 않는다. 그런 효과는 약물이나 치료 혹은 수면을 통해서도 얻을 수 있기 때문이다. 우리는 타인의 말을 귀담아들어 줌으로써 그를 최적의 상태로 인도할 수 있다. 타인은 단어를 사용해서, 자신에게 문뜩 떠오른 생각들을 표현한다. 관객이 꽉 들어찰 때 배우가 즐거워하는 이유는 관객의 존재로 인해 그들이 한층 정확하고 활기차게 공연할 수 있기 때문이다. 그러나 이는 전문가의 경우이고, 적어도 제도화된 관계가 성립된 경우다. 뭔가를 말하고 싶어 하는 사람, 그리고 그의 말을 기꺼이 들어줄 준비가 되어 있는 사람의 만남은 단순한 사건이 아니다. 운 좋게 이루어진 사건이고, 엄밀하게 말해서 기대하지 않았던 사건이다. 내 생각에는 화급한 경우가 아니면 이런 만남의 행운이 되풀이되기를 원하지 않는 편이 낫다. 이런 만남은 순전히 우연이기 때문이다. 상대는 속내를 털어놓을 용기가 있어야 하고, 나는 진심으로 들으려는 자세가 되어 있어야 하기 때문이다.

'듣기'의 도덕적이고 심리적인 차원을 지나치게 확대하지는 말자. '듣기'라는 표현도 부담스럽지만 어쩔 수 없이 사용한 것이다. 그저 듣기가 어떤 경우에 가능하고, 듣기의 존재론적인 위치가 무엇이고, 무엇이 되어야 하는지 생각해보자. 내가 누군가에게 질문하면, 그는 내 질문에 대답한다. 이런 대화는 기초적인 형태를 띨 때도, 원인이 기계적으로 결과를 만들어내는 결정론적인 대화와는 극단적으로 다른 세계를 만들어낸다. 이런 기계적인 대화에는 위협적인 말, 억압적인 말, 모든 것을 다 안다는 듯한 오만한 말이 있고, 그런 말들이 인과관계에 영향을 미친다.

나는 타인을 어디에도 구애받지 않는 자유로운 존재로 생각하기 때문에 그에게 질문하는 투로 말한다(반드시 명시적인 의문문의 형태를 띠지는 않는다). 이런 말투를 통해서 나는 그의 자유로운 위치를 재확인해주고 뒷받침해준다. 나는 그에게 이인칭으로 말을 건다. 이인칭은 무한히 가까우면서도 먼 표현으로 건성으로 대하거나 편하게 대할 수 있는 청자에 쓰인다. 여하튼 편견 없는 관계가 지속하는 그런 존재에 쓰이는 표현은 아니다. 나는 그에게 많은 것을 기대한다. 나에게 정보를 주기를 바라고, 정보의 수준을 넘어서 그만의 고유한 목소리, 즉 누구도 그를 대신해서 말할 수 없는 목소리를 들려주기를 바란다. 동시에 나는 침묵이 침묵보다 나을 것이 없는 상투적인 대답을 들을 가능성도 부인하지 않는다. 그가 내 기대대로 대답하지 않을 가능성이 얼마든지 있기 때문이다.

우리 각자가 대화에서 차례로 주도권을 쥐는 것처럼, 듣기도 대화에서 소극적인 역할에 그치지 않는다. 상대의 말이 어렵지 않게 차지할 수 있는 공간을 마련하기 위한 창조적인 내면성과 주의력이 필요하다.

받기 위해서, 받을 만한 역량이 있다는 걸 보여주기 위해서는 주는 것만큼의 적극성과 너그러움이 필요하다. 따라서 자기중심적인 사람들, 즉 주고받는 것이 부족한 사람들은 결단코 듣지 못한다. 귀를 크게 열고, 우리에게 전해진 말을 이해하려 애쓰는 것만으로는 충분하지 않다. 상대의 말이 편하게 자리 잡기 전에 사방으로 구석구석까지 훨훨 날아다닐 수 있는 공간까지 마련해줘야 한다. 뭔가 우리 시선을 가득 채우기 위해서는 우리가 그것 앞에서 지워져야 하는 것과 마찬가지다. 이렇게 할 때 우리는 경이로운 결과를 경험하게 된다. 내 생각과 다른 생각이 내 안에서 의미 있게 되는 것이다. 나는 그 생각을 배척하지도 않고 무작정 뒤쫓지도 않는다. 낯선 땅에서 표지판을 찾는 여행자처럼 외부자의 시각에서 그 생각을 해석하지도 않는다. 어떤 면에든 내가 상대의 생각을 반갑게 받아들이지 못한다면, 게다가 상대의 생각이 내 생각을 앞지른다는 기분에 사로잡힌다면, 나는 상대에게 뒤처지지 않으려는 욕심에 녹초가 되고 말 것이다. 듣기가 적절한 조건에서 계속된다면 결단코 일어나지 않을 현상이다.

나 자신을 포기함으로써, 요컨대 주도권을 쥐고 다급한 일부터 처리하겠다는 욕심을 버림으로써 나는 한층 더 풍요로워진다. 또 힘든 시간과 공백의 시간 및 침묵을 받아들임으로써 나는 다른 경험을 쌓아 한 걸음 더 성장하게 된다.

요즘 주변에서 상호작용, 컴퓨터를 매개로 한 대화, 인터넷, 새로운 형태의 정보 확산, 정보의 저장 등에 관련된 이야기가 자주 들린다. 새로운 테크놀로지가 우리에게 안겨준 선물들이다. 경제학자 마르크 기욤이 인용했듯이, 기업가 알랭 멩크조차 "미국에서 인터넷에 접속하지 않고 도서관에서 책만 들척이는 대학생은 결국 가난뱅이가 되고 말 것이다"라고 말했다. 내가 인터넷을 부정하는 것은 아니다. 다만, 우리가 듣기에서 점점 멀어지고 있다는 걸 지적할 뿐이다.

우리는 둘, 혹은 그 이상의 사람들을 상대하지만, 모두가 각자의 자리에 눌러앉은 채 정보를 교환할 뿐, 감정까지 나누는 경우는 거의 없다. 움직인다는 개념이 정보에 관련된 표현에 다시 사용되는 것도 우연은 아니다. 대신 차분하게 현상을 관찰하고 무사무려(無思無慮)하는 마음가짐에서 오는 풍요로움은 잊은 듯하다. 우리 친구들은 일본인이나 미국 오하이오주의 대학생과 인터넷으로 대화하는 것을 좋아한다. 세계의 모든 통신망을 통해 방방곡곡에서 초대받는 것도 좋아한다. 인터넷이란 거북한 도구를 통해서 느닷없이 주고받기 시작하는 교류에는 어떤 품격이 있을까?

나는 방문객이 나와 아무리 가까운 사이여도 문 앞에 잠시 머문 후에 문을 두드리며, 나에게 방문의 의미를 짐작할 여유를 주고, 그 자신도 나를 집에까지 찾아온 이유가 — 순전히 우정 때문이어도 — 뭔지 되새겨보는 시간을 가졌으면 싶다. 나라면 누군가를 예고도 없이 불쑥 찾아가는 실례를 범하지 않을 것이다. 모르는 사람에 대한 경계심이나 내 사생활을 지키려는 극단적인 욕심 때문은 아니다. 오히려 나는 우리가 만나는 즉시 우호적인 상태에 있게 된다고 생각하지 않는다. 오랜 친목으로 하나가 된 사람들도 만날 때마다 우애를 다시 시작해야 한다고 생각한다. 우리가 타인에게 다가가기 위해서는 일정한 시간이 필요하다. 손님을 환대하기 위해 반드시 알아야 할 교훈이다. 우리는 방문객을 마땅히 존중해야 한다. 그렇게 하기 위해서는 시간이 필요하다. 한편, 우리를 찾아오는 사람은 우리에게 자신이 누구인지 알려야 한다. 신분을 확인받아야 한다는 뜻이 아니라 내 공간, 내 내면, 내 영혼에 조금씩 들어와서 결국에는 나와 비슷한 사람이 되어야 한다는 뜻이다. 본능적으로 최대한의 예의를 갖추는, 보잘것없는 사람들의 집에서 말하듯이 조심스러운 태도가 필요하다.

지금까지 내가 듣기의 이상적인 형태를 이야기한 건 분명하다. 하지만 이상적인 듣기는 많은 오해를 감내하고 때로는 폭력적인 말까지 견뎌내야 한다. 그래서 나는 내성적이어서 위축된 척한다. 상대에게 나를 무시해도 괜찮다고 허용하려는 것이 아니다. 적절한 거리 — 내가 반격할 수 있는 거리 — 를 두고 상대를 멈추게 하려는 것이다. 지나치게 호의를 베풀면 자칫 무의미한 말장난에 빠져들어, 한 사람은 끈기 있게 들어주고 한 사람은 마음을 열고 속내를 털어놓았다고 서로 속 보이는 칭찬을 주고받기 십상이다.

진심으로 듣지 않으면, 결국 같은 말이지만 건성으로 들으면, 우리에게 도움을 요청한 사람에게 등을 돌리는 것과 다를 바 없다. 하지만 타인의 말, 모든 사람의 말을 진심으로 들어주는 걸 사명이라 생각하는 사람들이 거북하게 느껴질 때가 적지 않다. 그래도 나는 그런 사람들이 내 말에만 귀 기울여주기를 바랄지도 모른다. 나는 "그리스도는 너를 위해서 그렇게 피를 흘리셨다"라는 파스칼의 말을 좋아한다.

이 말을 듣기에 적용하면, 그리스도는 오직 당신만을 위해 신중하고 냉담한 성격을 버리셨다는 말이 된다. 내가 말을 많이 하지 않는 데는 다른 이유가 있다. 글을 많이 읽으면 시력이 떨어질 수 있다. 이와 같은 논리에서, 지나치게 열심히 들으면

청력이 떨어지지 않을까? 더 정확히 말해서, 딱한 하소연이나 장황한 말을 너무 많이 들으면 귀가 조금씩 주름지지 않을까? 실제로 이런 사람들은 귀에 딱지가 앉을 정도로 많이 들은 말의 무게에 짓눌려 허리를 구부정하게 구부린 채 소심하게 살아간다. 이런 표현이 적절할지 모르겠지만, 그들은 새로운 절망, 새로운 사건 소식을 곧 다시 듣게 될 거라고 예상하기 때문인지 비굴할 정도로 자기희생적이다. 그래서 나는 그들이 화를 내고 이기적으로 행동하며, 심지어 악랄하게 행동하는 걸 보고 싶을 지경이다. 그들이 이런저런 사람들에게 진 빚을 깨끗이 잊고 가끔은 주체하지 못할 정도로 열정적으로 살면 좋겠다.

그러나 지적인 구원을 염려하는 사람은 듣기를 멀리하면 안 되는 것일까? 남들에게서 들은 말이 조금씩 축적되면 머리가 복잡해져서 생기와 활력을 잃을 수 있다. 그렇다고 호기심이나 가까운 사람들에 대한 포용력이 떨어진다는 뜻은 아니다. 그래도 우리에게 푸념을 늘어놓던 사람이 똑같은 걱정거리가 맞는데도, 그때부터는 말하는 것을 자제하게 된다. 자신이 해결할 수 없어 우리에게 대신해서 생각해주기를 바라며 털어놓던 의례적인 말까지 억제하게 된다. 까다로운 말, 평소에 하지 않던 말이 필연적으로 대화 과정에서 불쑥 나오는 것은 아니다. 그런 말은 일정 기간의 잠복기를 거쳐 생성된다.

다른 방법, 즉 그런 말을 많이 해서 저절로 죽게 한 후에, 그런 죽은 말을 바탕으로 자신의 생각을 확실한 언어로 정립하는 방법이 있다고 믿는 사람들이 많은 것도 사실이다. 이런 희망은 위험해 보인다. 지적인 사람이 자신과 비슷한 사람의 말을 들어주기 위해서 자아를 버리고, 그런 자기 포기의 순간이 있은 다음에 다시 자신으로 되돌아온다는 게 가능할 수 있을까? 그러나 이런 이상적인 모델을 기준으로 마음가짐의 불완전함과 결함이 평가된다.

여하튼 존재론적인 경이로움이 완전히 사라지지는 않는다. 따라서 타인을 받아들이기 위해서 내 안에 공간을 만들 수 있다는 건 사실이다. 그 공간은 순전히 내 노력으로만 마련될 수 있다. 폴 리쾨르* 같은 철학자들은 이런 경험을 설명하기 위해서, 얼핏 생각하면 모순되는 표현, 즉 '적극적인 수용성réceptivité active'이라는 표현을 사용했다.

미소가 듣기보다 더욱 우리 마음을 사로잡는 듯하다. 상대의 얼굴에 미소가 번지면, 상대의 얼굴마저 달라 보인다. 미소는 완전한 형태를 갖추기도 전에 활짝 핀다. 불확실한 순간에는 상대가 미소를 짓지 않을지도 모른다는 생각에, 상대가 우리에게 미소를 선물하지 않을 수도 있다는 생각에 불안한 마음을 떨쳐내지 못한다. 그러다가 상대가 갑자기 미소를 지으면, 그가 우리를 자신과 비슷한 사람으로 인정했다는 생각에 어떤 원망도 그에 대한 우리의 판단에 영향을 미치지 않는다.

또 우리가 그의 얼굴에서 보았던 미소가 다시 우리 얼굴로 옮겨온다. 이런 관능적인 면이 듣기에는 없다. 물론, 상대가 나에게 적극적으로 주의를 기울이고 있다는 건 알아볼 수 있지만, 정신적인 마음 자세와 육체적인 표현을 미소만큼 확실하게 연결하기는 힘들다. 이런 이유에서 상대는 내 편이라는 걸 나에게 알리기 위해서 몸짓을 과장되게 해야 한다고 생각한다. 게다가 듣기에는 거울 현상이 없다. 달리 말하면, 듣는 사람의 얼굴과 말하는 사람의 얼굴 사이에는 재연이나 대칭이 존재하지 않는다.

우리 사회는 민주사회지만, 말하기와 듣기는 비대칭적인 위치를 차지하고 있다. 이런 현상은 당연히 수정되어야 한다. 말할 권리가 있는 사람, 따라서 새로운 특권을 틀어쥔 사람이 주로 말한다. 반면에 듣는 행위는 명령을 따르고, 명령에 복종한다는 뜻이다. 따라서 파라과이의 원주민 구야키족을 본떠, 우리 지배자들도 말할 권리가 아니라 의무를 져야 할 것이다. 무의미하지 않고 짜증스럽지도 않은 말로 공동체를 즐겁게 해주고, 권력이 공허한 것만은 아니라는 걸 공동체에 확실히 보여줘야 할 것이다.

한편, 공동체의 주인에게는 듣지 않을 권리가 있다. 지배자의 말이라고 해서 귀를 기울여야 할 의무는 없다. 구야키족은 족장이 말하는 중에도 식사를 하거나 장난을 치고 아예 누워서 휴식을 취하기도 한다. 족장은 부족민들이 집중하지 않는다는 구실로 말하는 걸 멈추지 않는다.

권태

현대의 삶 때문일까, 내 내면의 혼란 때문일까. 내가 견디기 힘들 정도로 심장이 빨리 뛰었다.

분주한 도시에서는 모든 것이 나를 가만히 놔두지 않는다. 적당한 속도로 걸으려고 아무리 애써도 군중에 파묻히면 그들에게 떠밀려 걷게 된다. 나는 애써 그들의 틈으로 빠져나온다. 이번에는 건물들에서 번쩍이는 네온사인들이 내게 추파를 던진다. 밤이면 나는 방에 들어가 어둠과 침묵에 파묻힌다. 그러나 도시는 이렇게 입에 재갈을 물린 후에도 나를 집요하게 괴롭힌다. 내 귀에는 도시의 심장이 퍼덕대는 소리가 뚜렷이 들린다. 나는 평소에도 서툴던 손마저 마음대로 움직이지 못한다. 단어도 제대로 발음하기 힘들다. 단어들을 잘게 빠개서 궁색하게 조각내어 짜증스레 내뱉는다. 제때 잠들지 못해 내 머릿속은 극도의 혼란 상태에 빠져든다. 삶의 방식을 바꾸는 게 현명하다는 생각이 든다. 기도하고, 느긋하게 남

의 말을 듣고, 묵상하며, 가스통 바슐라르\*식의 몽상에 빠져
드는 게 나을 듯하다. 이런 고상한 방식에 의존할 수 없는 나를
권태가 궁지에서 구해줄 거라는 예감이 들었다.

무엇보다 권태라는 개념을 잘못 이해하지 않는 것이 중요하
다. 고상한 권태, 달리 말해서 형이상학적인 권태가 있는데, 이
런 권태는 멀리해야 마땅하다. 자신의 무한함에 비추어볼 때
일상의 삶이 저급하고 가소롭다고 생각하는 사람의 권태이기
때문이다. 이런 사람은 자신의 존재를 하찮게 생각하고, 그런
생각과 무가치가 거의 맞닿아 있어, 위선적으로 행동하고 허
무감에 짓눌리게 마련이다. 이런 인식에서 실질적으로 비롯되
는 결과는 한탄스럽기 그지없다. 이런 사람은 유한성이란 십
자가를 짊어질 수밖에 없어서 한숨을 푹푹 내쉬며 움츠리고,
사형수나 위독한 환자를 돌보듯이 자신을 돌봐주기를 요구한
다. 주변 사람들이 그의 고결한 번민을 등한시하면 그들을 심
하게 질책하기도 한다.

이처럼 우리를 질책할 때는 기운이 넘치기 때문에 우리는
그가 자기 입으로 주장하는 것만큼 쇠진한 상태는 아니리라
생각하게 된다. 정교하게 꾸며진 순교적 번민으로 고상해진
그는 하찮은 가정일들을 단호히 거부하며, 아직 자신의 무한

함을 인식하지 못했기 때문에 번민 없이 살아가는 사람들에게 그런 일들을 떠넘긴다.

이런 권태 못지않게 우리가 조심하고 피해야 하는 또 하나의 권태가 있다. 이 권태의 영향권에 든 사람은 어떤 것에도 감동하지 못한다. 그는 뭔가에 관심을 보이기는 하지만, 그 무엇(과일, 사람, 건물 등)에 몸을 던져 달려드는 적극성이 없다. 따라서 그에게 세상에서 가장 멋진 공연, 세계에서 가장 매력적인 사람을 소개해줘도 아무 소용이 없다. 그가 과거에는 그런 것들을 좋아했을지 몰라도, 이제는 그런 것들에 대한 의욕을 잃어버렸기 때문이다. 그는 이런 상황을 힘들어하지만 벗어날 수 없다. 그의 의지에 따라 상황이 달라질 여지가 없기 때문이다. 색을 구분하지 못한다고 시각장애인을 나무라고, 말을 하지 못한다고 실어증 환자를 질책하는 것과 다를 바 없는 셈이다. 육체적인 고통이나 정신적인 고통, 사랑하는 사람의 죽음, 지진 등 어떤 것도 그의 관심을 끌지 못한다. 그가 사서 고통을 견디는 이유는 그의 가치관이 바뀌었기 때문이 아니다. 고통을 몸으로 직접 느끼며 저항하려고 하기 때문이다.

그래서 나는 이런 권태를 제안해보려 한다. 우리가 기분 좋게 기지개를 켤 수 있는 권태, 요컨대 아무것도 하지 않고, 화급하지 않은 일은 뒤로 미루고 행복감에 젖어 즐겁게 하품할 수 있는 권태를 권하고 싶다. 그럼 우리는 무엇에도 재촉받지 않고 느긋하게 살아갈 수 있을 것이다.

물론 이런 행운이 많은 사람에게 허용되는 것은 아니다. 일찍부터 이런 행운을 맞이할 준비를 해야 하는 이유다. 어린아이라도 원하는 장난감을 갖지 못했다고, 꼬마 친구가 약속을 어겼다고, 혹은 시금치를 반찬으로 내놓았다고 불평해대면 이런 행운을 누리지 못한다. 다행히 당신이 따분한 시골에서 오랫동안 지루하게 산 적이 있었다고 해보자. 다락방에 올라가 길을 내려다보며 어떤 사건이 벌어지기를 기다렸지만, 오토바이가 붕붕거리고, 떠돌이 집시들의 주거용 트레일러가 지나갈 뿐, 먼지를 피우며 길을 지나는 자동차는 한 대도 없었다. 그래도 오후가 저물어갈 때쯤, 당신은 다락방 창문을 내다보며 보낸 시간에 만족해했다. 여하튼 아스팔트로 포장된 길에서 먼지가 피어오르기를 기대하며 오랜 시간을 보냈다는 점에서, 나는 당신의 건강 상태가 괜찮다는 징조를 알아챈다.

시작은 그런대로 장래성이 있었지만 지금 당신의 삶은 행복하지 않다. 행복은 불행마저 경이롭게 받아들이는 데 있기 때문이다. 얼굴을 내밀고 밖을 쳐다볼 수 있었던 다락방을 떠난 순간부터 당신은 세상사에 매몰된다. 세상은 당신에게 비디오테이프 녹화기, 영원한 도시 로마와 아름다운 푸른 도나우 강변에 자리 잡은 빈으로의 여행, 낮보다 아름다운 밤, 톱 모델처럼 완벽한 젊은 여인 등 온갖 불가능한 것들을 누리게 해줄 수 있다고 약속한다.

당신이 살아갈 도시, 밥벌이를 위한 직업, 평생을 함께할 미래의 반려자와 친구를 선택할 때 지혜의 도움이 있기를 바란다. 당신이 선택한 도시가 조그만 충격에도 뒤흔들리고, 무책임한 말을 쏟아내며, 매일 아침 새로운 얼굴을 드러내고, 문화적 활동들을 끊임없이 계획한다면, 또 도시가 장벽을 높이 쌓아가다가 모든 것을 받아들이고는 다시 저항의 깃발을 치켜든다면, 당신은 봇물 터지듯 닥쳐오는 사건을 피할 수 없게 되고 결국에는 그런 상황에 길들여질 것이다. 따라서 아무 사건도 일어나지 않고 달콤했던 시간, 다시 말해서 어떤 것에도 방해받지 않아 순수하게 시간만 흘러가던 시간을 까맣게 잊게 될 것이다.

또 침묵의 경계에 있는 순수한 시, 권력을 행사하지 않는 순수한 정치, 불감증에 걸린 듯한 순수한 처녀, 누구도 만나지 못해 어떤 모습인지 짐작조차 하기 힘든, 신에 가까운 순수한 종교 등에서 '순수함'의 뜻이 무엇인지도 조금씩 망각해갈 것이다.

분노한 젊은이들이 시위할 때, 군중들이 영화관이나 박물관 앞에 줄을 길게 늘어서거나 운동장을 향해 달려갈 때, 과거에 당신의 매력으로 손꼽혔던 신중함을 상실한 탓에 그들에게 "잠깐만 기다려주시오. 나도 당신들 편이오. 나도 당신들과 함께 함성을 지르고 싶소. 당신과 함께 박물관 바닥을 쿵쾅거리고 싶소"라고 소리칠 것이고, 그럼 그들이 당신을 받아들일 것이다.

새벽 세 시 정각이 되면, 당신은 희열에 젖었지만, 피곤에 지쳐 힘없이 "정말 대단했어!"라고 말할 것이다. 말을 무지막지하게 해대는 많은 사람과 다시 만나고, "모처에서" 혹은 "다시 만나다"라는 단어를 더해가며 판에 박힌 말을 하는 데서 편안함을 느낄 것이기 때문이다.

이런 사람들이 모이는 곳은 멀리하는 편이 낫다. 나는 소란스럽고 혼란스러운 도시, 본연의 모습과 영혼을 망각한 도시를 조금도 신뢰하지 않는다. 그렇다고 완전히 다른 도시, 즉 한산하고 무지한 도시, 마음을 사로잡는 매력도 없이 좋은 식당(음식의 질에 대비해 가격이 적당한 식당)에만 마음을 쓰는 도시를 추천할 생각도 없다. 설교자들까지 자크 보쉬에*처럼 문학적 조예가 깊었던 주교나 앙리 라코르데르*처럼 가톨릭 부흥 운동을 주도한 성직자의 전례를 망각해버린 도시, 여자들이 외모를 가꾸는 데 관심이 없는 도시도 추천하고 싶지 않다. 모든 것이 한결같이 시시해서 당신은 질식할 것 같은 기분일 것이고, 도무지 벗어날 수 없는 무력한 권태의 희생양이 되고 말 것이다. 따라서 내가 권하는 권태를 선택하길 바란다. 그래야 호흡의 공간을 확대할 수 있고, 저속한 품행에 고개를 절레절레 흔들며 다른 곳을 찾는 불상사를 피할 수 있기 때문이다. 이런 이유에서 온천이 있는 도시를 권하고 싶다(적어도 비시, 비텔, 엑스레뱅에서는 온천요법을 시도해볼 수 있다). 이 휴양지들은 각자 고유한 방식으로 운영된다. 어떤 곳이든 당신의 권태에 가장 적합한 곳을 찾아 머물기를 바란다.

숙소의 선택도 중요하다. 가구가 갖추어진 주택, 민박집, 등급이 떨어지는 저렴한 호텔, 호화로운 호텔 등 여러 종류의 숙소가 있지만, 당신의 수입에 걸맞은 숙소를 내가 함부로 예단할 수는 없는 노릇이다. 여하튼 심사숙고해서 결정을 내리기 바란다. 엑스레뱅의 경우, 도시를 굽어보듯 우뚝 솟은 특급 호텔들은 다른 시대, 풍요와 대부호의 시대부터 존재한 것들이다. 아침저녁으로 많은 객실과 복도를 지난 후에야 식당에 도착할 수 있을 정도다.

하지만 아담한 민박집도 있다. 민박집에는 언제나 '만원'이 란 팻말이 걸려 있다. 그래서 민박집에 묵게 되면 수시로 다른 민박 손님들과 맞닥뜨리게 마련이고, 민박집에서 일하는 사 람들이 식탁들 사이를 헤치고 다니는 것도 힘들 지경이다. 호 숫가에 묵는 걸 좋아하는 사람들도 있다. 저녁이면 옅은 안개 가 작은 정원을 휘감으며 손님들의 발길을 묶는다. 당신이라 면 권태를 즐기기 위해서 어떤 숙소를 선택하고 싶은가? 한적 한 공간과 북적이는 공간에서 똑같은 효과를 기대할 수 있다 면, 널찍한 특급 호텔을 선택하겠는가, 아니면 붐비는 민박집 을 선택하겠는가? 나라면 현기증이 점진적으로 소멸해 가는 곳보다 쓸데없이 넓은 공간에서 더 중압감에 짓눌릴 것 같다.

온천 도시 밖에서 분주하게 살아가는 관찰자는 일과 열정 및 혼잡한 삶과 동떨어진 곳에서 지내면 지루할 것이라 생각 할지 모른다. 그러나 시대와 동떨어진 곳에서 지내는 사람들 은 '시간을 어떻게 보낼지' 전혀 생각하지 않는다. 피로에 지친 몸이 마땅한 휴식을 원하는 만큼 하루하루를 알차게 보낸다. 거기서 그치지 않는다. 그곳에서는 누구나 확실한 신분을 얻 는다. 온천요법을 하는 사람이란 신분을 얻으며, 주변에서 그들에게 그 신분을 끊임없이 되새겨준다. 그들은 온천요법을 하는 사람처럼 옷을 입고 아침에 일어나 온천물을 마시며, 비슷한 사람들끼리 서로 인사를 나눈다. 음악도 온천요법을 하는 사람들에게 어울리는 온화한 음악을 듣는다. 카지노에서도 게임의 재미에 적당히 빠져들어, 온천요법을 하는 사람에게 허용된 광기를 보여준다. 아침이면 그들은 공원을 향한 덧문을 연다. 아침 하늘의 별들도 온천 도시의 하늘이 어떤지 고스란히 보여준다.

앞에서도 말했듯이, 권태의 원인은 현재의 우리 위치에 대한 현기증에서 비롯된다. 또한, 여러 사람이 확신하며 즐겁게 비슷한 상태에 있게 될 때, '불확실', '전부'와 '전무'라는 상황 앞에서 겪는 그런 번민은 사라진다.

권태는 우리의 빈틈을 노린다. 현재는 실타래처럼 풀리거나 반복되고, 미래는 일관성이 없는 만큼 우리의 시간에 적잖은 문제가 있기 때문이다. 온천 도시는 그곳의 건축물, 그곳에서 일하는 사람들, 그곳의 관례, 또 그곳의 지리적 위치가 시대와 동떨어져서, 그곳을 좋아하는 사람들을 시간의 공격에서 벗어나게 해준다. 온천 도시, 기포가 형성되어 탁탁 튀기는 물, 유황과 철분 성분을 함유한 뜨뜻한 물의 도시가 바깥 세계와 어떤 관계를 지닐 수 있겠는가? 온천 도시에서는 시간의 흐름이 따분하게 여겨질 수 없다. 그곳에서는 어떤 것도 시간을 측정하지 않기 때문이다. 원칙적으로 시간이 흐르지 않기 때문에 시간이 갑자기 멈춘 것은 아니다.

그리스 철학자 헤라클레이토스는 우수에 찬 목소리로 "너희는 결코 같은 강물에서 멱을 감지 못하리라"라고 말했지만, 우리의 주치의는 "당신은 매일 같은 샘에서, 같은 물을 길어 마십시오"라는 처방을 내린다.

권태에 기반을 두고 살아가는 방식을 결정해야 한다면, 권태에 대한 이런 찬사는 우리를 잘못된 길로 인도할 위험이 있다. 겉으로만 권태를 흉내 낼 수도 있다는 말이다. 온갖 형태의 허영과 조건과 안락에 대한 기존의 가치에서 벗어나기 위해서, 우리와 비슷한 사람들을 한곳에 모이게 하는 것을 바라보며 권태에 젖어 하품하는 것보다 권태를 이기는 더 건전하고 효과적인 방법이 있겠는가!

하지만 겉모습의 유혹에서 벗어나고 싶은 사람들이 선택할 만한 다른 방법들이 있다. 예컨대 파스칼의 방법까지 들먹일 필요도 없이 약간은 오만한 관점에서 겉모습을 판단하는 방법이다. 일단 상황이 밝혀지고 판단이 내려지면 일정한 눈높이를 유지하는 것으로 충분하다. 그 모든 것이 이루어진 후에는 그 눈높이를 포기할 필요가 없다. 권태는 워낙에 흐릿한 안개와 같은 것이기 때문이다.

나는 내게 허용된 자유를 지키고 싶다. 이런 이유에서 나는 나 자신과 관련된 것에서 변화를 도모한다. 어떤 제약도 없이 자유롭게 살고 싶어서 내가 어떤 근본적인 권태에 몰두했다는 걸 깨달으면, 그런 나를 질책한다. 권태롭다는 것은, 우리가 상대에게 크게 관심이 없다는 걸 어떤 식으로든 알리는 것이다. 따라서 세상에게서 많은 것을 받았고 지금도 많은 선물을 아낌없이 받는 내가 그런 세상을 권태롭게 대했다면 나는 배은 망덕한 놈이 된다. 또한, 진심으로 자신에게 주어진 것에 불만을 터뜨리는 응석받이 꼬마처럼 행동하는 셈이 된다. 이런 자책이 있고 나서도 나는 다시 속임수에 놀아나며 이리저리 채인다. 결국 나는 다시 권태에 의지하게 된다. 권태만이 나를 노예처럼 부렸던 세상의 힘들로부터 구해줄 수 있기 때문이다.

이런 이유에서 누구도 내가 권태를 기반으로 세상을 살아가리라 결정했다고 단언할 수 없을 것이다. 나에게 권태는 세상을 정직하게 활용하고, 내가 세상에게 다가가거나 반대로 세상에게서 벗어나, 세상을 더 재미있게 즐기기 위해서 세상을 다시 음미하는 수단이다.

앞으로 나는 활기찬 생명력을 거부하지 않을 것이다. 또 순수한 충동도 거부하지 않을 것이다. 충동이 우리가 마땅히 따라야 하고 그러지 않는 것을 평가하는 유일한 기준이 아니라는 것만을 기억할 것이다. 따라서 나는 절제된 권태를 권하며, 일정한 거리를 두고서 어떤 편견도 없이 권태를 즐기라고 말해주고 싶다.

꿈꾸기

몽상은 시간의 흐름을 늦추고 각성상태와 무의
식이란 두 강물 사이에 존재하기 위해 우리가 가
장 흔히 사용하는 방법이 아닌가? 장 자크 루소
는 식물을 채집하고 호숫물이 찰랑거리는 소리를 들으며, 파
리에서 그에게 원한을 품었던 사람들의 음모를 잊은 채 시간
을 잊었다. 그러나 이런 방법은 나태를 부르는 못난 방법이 아
닐까? 몽상가는 개념보다 이미지를 더 좋아한다. 개념이 구체
적인 형태를 띠기 위해서는 노동이 요구되기 때문이다. 몽상
가가 머릿속에 떠올리는 이미지들은 다채롭기 그지없는 현실
에 비하면 빈약하기 짝이 없고, 세상에서 긁어모은 약간의 잔
부스러기에 의지한다. 따라서 빈약한 의식에서 벗어난 몽상,
물과 흙, 불과 공기로 빚어진 모든 것에서 자연을 진정으로 찬
양하려는 몽상에 조금이나마 접근하기 위해서는 가스통 바슐
라르에게 도움을 청해야 마땅하다.

바슐라르는 고요함, 영혼의 휴식 등과 같은 가치를 소중하게 생각하며, 그런 가치들에 강력하고 존재론적인 의미를 부여했다는 걸 솔직하게 인정했다. 바슐라르는 퇴행적으로 보일 수 있는 경험, 적어도 약간은 움츠리며 외부 세계를 부인하는 듯이 보이는 경험에 그런 가치를 부여했다. 따라서 바슐라르는 구석진 곳이 우리에게 존재의 필요 불가결한 가치, 즉 부동성을 보장해주는 피난처라 생각하며, 구석진 공간을 예찬하는 데 열중했다.

"부드러움, 느림, 평화, 이런 것은 아니마 상태에 있는 몽상의 신조다."

"구석진 곳에 정적이 흐르는 건 우연이 아니다."

자궁 안의 안락함, 새의 둥지, 알, 동굴(어스름한 빛의 소재 자체가 활동하는 닫힌 세계), 집(세상에서 나를 위한 구석진 공간이 될 때), 조각배, 신방인 동시에 죽음의 고요함을 우리에게 보장해주는 무덤, 벽장(체 위에서 건조되는 포도의 독특한 향기가 난다), 단독 주택의 특별한 두 공간인 다락방과 지하실, 작은 상자 — 이 모든 장소 혹은 사물이 어느 정도 시간과 공간에서 벗어나기 때문에, 또 우리를 밀폐된 곳으로 인도하기 때문에 바슐라르가 그것들을 좋아했던 것이 아닐까? 그러나 이런 몽상이 당사자의 도피를 뜻하지는 않는다. 몽상에 제대로 빠지기 위해서는 극단적인 각성상태를 유지해야 한다. 어린 시절은 설익음에 대한 애틋한 추억을 불러오는 시기도 아니고, 우리가 이제 성인이라는 사실을 망각하는 시기도 아니다. 오히려 '젊은 시절을 정복하기 위해서는 나이가 들어야 한다.' 한참의 시간이 지난 후에야 창조적인 상상력 덕분에 우리는 당연히 간직해야 할 어린 시절을 갖게 된다.

"때로는 가구 하나도 몽상으로 말미암아 끊임없이 수정되는 내적인 관점들을 갖는다."

'수정된다'라는 표현에서 몽상에도 노동이 필요하다는 게 분명히 읽힌다.

바슐라르가 휴식의 몽상만큼이나 의지의 몽상에 대해 말했다는 걸 잊어서는 안 된다.

"의지적으로 원하는 몽상, 즉 위안을 주고 힘을 돋우는 몽상도 있다. 그런 몽상은 의욕을 생기게 하고, 노동에 대한 용기를 북돋워준다."

칼, 낫도끼, 끌 등과 같이 단단한 재질로 만들어진 도구는 인간에게 의지를 가르쳐주는 위대한 스승이다. 손이 자신의 이미지들을 직접 만들어내고, 손이 과도하게 활동하는 현실이 우리를 몽상으로 몰아간다.

"망치, 집게, 풀무 등은 대장간에서는 모두 거칠고 투박하다. 이 모든 것은 아무 일도 하지 않을 때 강한 것이란 생각을 불러일으킨다."

창조적인 격렬함은 꿈의 연약함과 대조를 이룬다.

"밤의 휴식은 우리의 몫이 아니다. 밤의 휴식은 우리에게 유리한 것이 아니다. 잠은 우리 내면에서 유령들을 위한 여인숙의 문을 열어젖힌다. 아침에 우리는 그 그림자 같은 유령들을 쓸어내야 한다."

오히려 낮의 몽상에 평온한 명철함이 있다.

"오직 시적 이미지를 읽는 순간에 이미지에 현전(現前), 현전해야 할 따름이다. … 이미지의 새로움에서 오는 법열 그 자체에 현전해야 한다."

바슐라르가 이해한 몽상은 우리에게 눈을 부릅뜨기를 요구한다. 우리는 지독한 역경에 처한 때도 현실을 견딜 만한 곳으로 만들어가기를 바라야 한다. 불평하는 것까지 금지되지는 않는다. 질질 짜고 얼굴을 찌푸리며 오만상을 짓지는 않더라도 하소연하듯이 노래하며 우리 불행을 가라앉힐 수는 있다. 병든 아이, 실직한 남편, 포기 등 우리를 슬프게 하는 대상을 받아들여 감싸 안고, 연민하는 부드러운 몸짓으로 달래주며 진정시킬 수는 있다. 젊은 여자든 나이가 지긋한 사람이든 심지어 남자라도 어머니와 같은 정성스러운 마음으로 행동하면 우리 몸은 우아함과 덕성을 되찾는다. 물론 세상은 예전과 똑같이 무관심하고 적대적이겠지만, 우리는 그런 세상에서 벗어나 우리를 슬프게 하는 것들과 하나가 된다.

심술궂은 사람들이 우리의 이런 몽상을 눈치채고, 우리의 피난처를 공격하고 우리의 감미로운 선율을 훼방하려 할 것이다. 높은음은 물론이고 나지막한 음까지 주변의 시끌벅적한 소음에도 사라지지 않듯이, 나는 우리의 감미로운 선율이 그들의 악의에서 벗어나기를 바란다. 그래서 한 평범한 가정의 여인들이 겉으로는 약해 보였지만 꿋꿋하게 살아갔고, 가난이 닥쳐도 이겨냈던 것이 아닐까. 나는 그런 여인들의 마음가짐에 숭고한 면이 있다는 걸 감지할 수 있었다. 하지만 눈물을 흘리는 것으로 자기 위안을 찾았던 것은 아닐까? 분명히 말하지만, 과도한 눈물은 없었다. 따라서 나는 때로는 부드러움이 결국 불행을 이겨낸다는 희망을 버리지 않는다. 반대로 행복을 만끽하고 있다고 말하는 사람들의 노래에서 나는 행복의 기운을 전혀 느끼지 못하는 때가 있었다. 당신이 그런 경우라면, 들리지 않는 선율을 인식하지 못한 채 만족감에 젖은 당신이 안타까울 따름이다.

아마도 바슐라르라면 부인하지 않았을 몽상을 내가 감히 시도하는 것일까? 나는 공상의 학교를 기억에 떠올린다. 더 정확히 말하면, 기억에 떠올리는 척한다. 그 학교가 가장 중요하게 생각한 것은 우리 성적을 올리는 것도 아니었고, 우리에게 많은 것을 가르치는 것도 아니었다. 대신 우리에게 꿈의 문을 열어주려고 했다. 그 학교가 정말로 존재했는지는 중요하지 않다. 그 학교가 존재했다면 순전히 우연의 일치다. 여하튼 요즘에 학생들의 상상력을 중요하게 생각하며 학생들의 감성을 향상하려는 학교가 있다면 다른 장소, 다른 관례, 다른 도구를 찾아내야 할 것이다. 그런 학교는 녹음이 우거진 숲속에 있어 그늘이 드리워지고 폭포 소리가 요란하게 들리는 학교일 것이다.

'수업 빼먹기'는 수업을 잠시 제쳐두고 잊는 것이다. 과거에 등하굣길에 풀밭을 지나고 냇물을 건너는 아이가 수업을 빼먹는 경우는 그렇지 않았다. 아이는 새집에서 새알을 몰래 빼냈고, 삽화와 숫자를 잊고 샘물에서 첨벙거렸으며, 단어들을 머리에서 지워내고 구름을 연구했으며, 허수아비와 입씨름하고 닭들을 뒤쫓았으며, 개들에게 고함치고 지름길을 찾아내곤 했다. 학교보다 봄을 좋아해서 책가방을 등에 멘 채 아침 내내 돌아다녔다. 아이는 자신이 결석한 걸 선생님이 알아채고, 부모에게 호되게 혼날 거라는 것도 알고 있었지만, 곱셈도 철자법도 공부하지 않고 훔친 그 시간을 마음껏 즐겼다.

그 학교에도 많은 관례가 있었다. 극단적으로 말하면, 그 학교는 학생들이 위반해서는 안 되는 관례들의 집합체에 불과했다. 일례로 한 학생은 전날 칠판에 쓰인 것을 모두 지워야 했다. 또 도덕 시간, 받아쓰기하는 시간이 있었다. 벽에는 구구단 표, 아흔아홉 개의 도와 그 아래 행정구역인 군들의 이름이 쓰인 지도가 붙어 있었다. 분필과 석판, 고무와 필통, 자(선생님의 자는 위협적이었지만 학생들의 자는 그렇게 위험하지 않았다), 색연필 등은 교실에 반드시 있어야 할 도구여서, 그것들이 없었다면 교실의 엄격하고 경이로운 세계로 들어가는 게 불가능했을 것이다.

이 친숙한 물건들, 요컨대 접시와 항아리, 부엌의 긴 식탁만큼이나 친숙한 물건들에서 얼마나 많은 몽상을 끌어낼 수 있을까? 이런 친숙함 때문에 눈에 띄는 현상들이나 문화에는 가스통 바슐라르가 자주 말했던 물질적 요소의 '몽상적 즉각성'이 있었다. 연필을 깎고 거기에서 생긴 지저깨비를 없애는 방법을 몽상에 적용하면, 밀가루를 반죽하고 찰흙으로 모형을 만드는 과정과 비슷했다. 물건들이 지닌 규칙성과 안정성(또 항상 똑같은 옷을 입고, 시간을 초월한 듯이 항상 똑같은 자세로 지식을 전달하던 교사의 규칙성과 안정성) 덕분에 아이들은 몽상의 세계로 떠날 수 있었다. 정확히 말해서 딴 데 정신을 팔았다는 뜻이 아니라, 교실과 다른 곳에 동시에 존재할 수 있었다는 뜻이다. 요즘 아이들은 머리 회전도 빠르고 몸의 움직임도 민첩하지만, 당시에는 느긋한 성격이 묵상하며 바꾸지 않아야 할 우주에 대한 경건한 자세의 증거로 여겨졌다.

몽상의 자극은 우리의 모든 감각과 관계가 있었다. 냄새는 역겨웠지만 뻑뻑거리는 소리를 내던 분필, 손가락에 때를 묻히던 고무, 잉크를 빨아들이던 압지, 언제라도 뒤집힐 것처럼 우리를 위협하던 잉크병, 굵게 쓰이다 가늘게 쓰이기를 반복하던 펜촉, 최대한 정확하게 그어야 했던 선, 불규칙한 변화까지 준수해야 하는 철자법, 구한 답에 모순되지 않아야 하는 증명법, 작시법을 지켜야 했던 작문…. 이 이상한 섬들 사이를 헤치며 나아가기 위해서는 극도로 조심해야 했다.

그렇다고 교육법을 하나로 고정하거나, 학교 교육의 구조를 하나로 통일해야 한다고 말하려는 것은 아니다. 몽상에 빠지는 시간이 창의력을 발휘해야 하는 시간을 방해하지는 않는다는 걸 보여주고 싶었을 뿐이다. 일상적인 것이 어떤 방향성을 지닌다면, 즉 일상적인 것이 일정한 몸짓에 따른다면, 어떤 일이 일어날까? 따라서 누구나 인정하고 예상할 수 있는 일정한 리듬에 따라서 행해진다면, 몽상의 시간은 일상적인 것을 다시 창조하고 다시 시작하는 셈이다.

우리는 몽상에 대해 상당히 오랫동안 연구했지만 대단한 것을 알아내지는 못했다. 우리는 대부분 밥벌레였을 뿐이다. 그러나 무슨 상관인가! 우리는 무한한 지혜를 지닌 까닭에, 바람직한 권태와 진지함으로 삶을 살아가기 전에 꿈을 꾸며 몽상에 빠져야 한다는 걸 예감할 수 있었는데.

## 기다리기

달리 할 일이 없을 때 우리는 기다림을 건너 앙드레 지드식의 열정에 빠져드는 것일까? 더 정확히 말하면, 우리의 어떤 행동에 기품을 더하고, 미래의 지평을 앞당기며 탐낼 만한 대상을 미리 추측해보려는 것일까?

과거에는 대학생이 도서관, 예컨대 파리의 생트즈느비에브 도서관이나 니스의 부샤즈 도서관에 들어가면 먼저 빈자리를 찾아 앉아야 했다. 그리고 책을 주문하면 도르래를 이용한 복잡한 시스템을 통해 책이 학생에게 인도되었다. 책을 서둘러 확인해보지만, 주문한 책이 아닌 경우가 많았다. 다시 기다리는데, 조금도 힘들지 않았다. 그런 기다림은 학문을 위한 의식의 일부인 데다, 우리만이 운 좋게 빈자리에 앉아 정숙하라는 훈계를 받지 않으려고 나지막이 속닥이거나 빈자리를 찾으려는 희망을 품고 왔다 갔다 하는 사람들이 아니기 때문이었다.

선반과 바닥에는 무수히 많은 책이 넘쳐흘렀고, 어디에서나 책 냄새가 풍겼다.

인터넷의 확산으로 요즘 학생들은 이런 불편함을 겪지 않아도 된다. 찾으려는 자료에 신속하게 접근할 수 있기 때문이다. 그래서 그들은 시간을 번 듯하다. 하지만 정말 그럴까? 그들이 문화의 중심지에 들어가기는 한 것일까? 다른 인터넷 사용자들과 마찬가지로 컴퓨터 앞에 혼자 멍하게 앉아, 전자정보 취급소에서 길을 잃은 것은 아닐까? 아무런 장식도 없는 칸막이로 둘러쳐지고 전자기기만이 설치된 하얀 방에서, 세상의 냄새는 물론이고 혼란스러운 주장들, 즉 우리에게 추상적인 지식을 안겨주는 것들은 자취를 감추고 만다. 간혹 복잡한 문제를 해결해주는 도구들만이 덩그러니 존재할 뿐이다.

어렸을 때 나는 어른이 되기 위해서 오랜 시간을 기다렸다. 어른은 우리를 사랑했고, 우리도 그들을 사랑했지만, 우리에게 자신들을 사랑해주기를 원했던 이상하고 이해하기 힘든 존재였다. 우리에게 대놓고 사랑해달라고 요구했으니까. 하지만 우리가 어른이 되기를 바랐던 이유는, 적어도 우리 눈에 어른은 독립을 뜻했기 때문이다. 초등학교, 중고등학교 등의 수료증과 졸업장, 또 일부의 경우에는 대학입학 합격증이 명백히 보여주듯이 우리는 한 단계씩 한 단계씩 차근차근 인생의 사다리를 올라갔다.

그럼, 아이들의 몸도 그런 단계들을 뛰어넘는 데 성공했다는 뜻일까? 나는 다른 식으로 분석해보고 싶다. 어린아이가 이타성을 상실한 성인들의 세계에 뒤섞인 것이라고. 어린아이는 여전히 똑같은 말을 듣고, 간혹 세상의 흐름에 대한 자신의 견해를 제시한다. 따라서 어른들은 어린아이를 자신의 책임보다 앞에 두며, 파트너로 삼아 어린아이와 협상하고 싶어 한다. 또 어른들은 젊은이들에게 다가가서 취미와 마음가짐을 함께 나누려 애쓴다. 세대 간의 거리가 점점 사라지면서 이제 기다림은 예전과 똑같은 의미를 갖지 않는다.

궁정 시대에는 사랑의 만남이 한없이 늦추어졌다. 여자 때문에 기사는 온갖 시련을 겪었다. 기사는 많은 싸움에서 승리를 거두어야 했고, 다행이었는지 불행이었는지는 몰라도 당시에는 지구상에 우글거리던 많은 괴물과 맞서 싸워야 했다. 여자의 환심을 사고자 하는 기사는 이런 운명에 반발하지 않았다. 기사는 이런 사랑의 방황에서 즐거움을 찾았던 것일까? 기사는 사랑하는 여인이 접근하기 힘든 존재로 머물러 있어 주기를 바랐던 것일까? 기사는 적막할지도 모를 결혼생활을 두려워했던 것일까? 이런 기다림은 그 과정에 닥치는 사건을 피하지 않는다. 오히려 사건을 미리 예감하고, 처음부터 사건을 우리에게 알려준다.

우리를 자극하는 것이 전혀 없고, 가능성의 세계가 거의 사라져서 우리가 더는 기다릴 필요가 없는 상황은 없을까? 이런 경우, 우리는 완전한 좌절감에 빠지게 마련이다. 이것이 우리가 기다림을 존중하고 즐겨야 하는 또 하나의 이유다.

나이가 아주 많은 사람에게 기다림은 무슨 뜻일까? 자신에게 다가오는 죽음을 관찰할 힘이 아직 남아 있어 죽음을 면밀하게 살펴보고 조사해서, 죽음을 불청객이 아니라 자신에게 꼭 필요한 것으로 받아들인다면, 죽음 이외에 무엇을 기다릴 수 있겠는가? 누구도 우리에게 영웅적인 행위를 요구할 수는 없다. 임박한 죽음은 막연히 예상하던 죽음과 너무 달라서, 우리가 죽음을 진정으로 기다렸다고 생각할 수는 없다. 근거가 없기는 하지만 확실한 은총인 양 우리가 가슴에 품는 희망만이 우리를 낙담에서 구원해줄 수 있을 것이다. 그렇다면 희망이란 은총이 어떤 사람에게는 찾아가고, 어떤 사람에게는 찾아가지 않는 이유는 무엇일까?

한편, 각 세대가 가까워져서 서로를 더 잘 이해하고, 어른들의 과도한 힘이 약화하는 현상을 아쉬워할 필요가 있을까? 어린 시절이 어른들의 삶과는 다른 상태, 즉 불분명한 대륙인 채로 남겨지고, 모든 여건이 다른 식으로 작동되는 조건을 상대적으로 젊은 사람들이 시야에서 놓치지 않는다면, 내가 이런 변화를 굳이 아쉬워할 이유는 없다. 어린 시절이 사라질지도 모를 상황을 기다리는 과정에서 우리의 어린 시절이 확고해졌기 때문이다.

나는 교사와 학생의 관계에서, 누구도 서둘러 없애버릴 수 없는 거리, 즉 어른과 어린아이 사이의 거리를 찾아낸다. 학생은 교사의 말을 기다려야 한다. 영역 대부분이 그렇듯이, 교사 대신 학생에게 똑같이 말해줄 사람도 없고 그런 작품도 없기 때문이다. 교사의 말이 학생에게 직접 전해지지 않으면, 그런 경우와 똑같은 영향력을 갖지 못한다. 또 교사가 아무 말을 하지 않더라도 존재하는 자체가, 그 교사 대신 그의 가르침을 전달하는 장황한 강의보다 더 바람직하다. 교사는 나와 완전히 다른 존재이기 때문에 나는 자신을 학생이라 생각한다. 그렇다고 내가 하찮은 존재라는 뜻은 아니다. 내면적으로 풍요로워지고 빛을 받아들일 준비가 된 존재라는 뜻이다.

나는 아직 선생이 될 준비가 되어 있지 않다. 야망이 없기 때문도 아니고, 어떤 뛰어난 사람에게 기가 죽은 때문도 아니다. 그저 따라가는 것만으로 내 영적인 열망을 채울 수 있는 풍요로운 길에 학생의 마음으로 이미 뛰어들었기 때문이다. 아마 언젠가 나도 누군가를 가르칠 날이 오겠지만, 지금 당장은 그런 생각이 없다. 나에게는 어떤 계급 구조에서 높은 자리를 차지하거나 누군가를 지배하려는 욕망이 없는 듯하다.

과거에 우리를 선택했고 앞으로 우리를 선택할 사람을 기다리는 인내심이 있어야 한다. 이런 인내심에는 진실을 지키려하는 강력한 영혼이 요구된다. 우리는 사랑하는 사람의 욕구를 충족시키고 흥분시키는 역할을 맡고 싶어 한다. 따라서 모든 것이 징조로 여겨져, 이것이야말로 뜨거운 사랑이라고 쉽게 결정하고 단언한다. 혹은 시나리오가 원하는 방향으로 무리 없이 진행되도록 시나리오를 몇 번이고 점검하고 또 점검해서 완벽하게 다듬는 노력을 당연시한다. 또 최대한 적합한 인물을 찾아내기 위해서 캐스팅 과정을 거듭 시행한다. 사랑은 있을 법하지 않은 사건이란 걸 인정하지 않고, 사랑이 우리에게는 허락되지 않으리라는 것도 인정하지 않는다. 더구나 행복권, 거주권, 노동권을 요구하듯이 사랑의 권리를 요구한다.

섹스 상대를 찾아다니는 방황을 문제 삼지는 않겠지만, 남자든 여자든 우리가 무수한 사람 중에서 선택받고 축복받은 사람이란 착각에는 종지부를 찍어주고 싶다.

미래는 두 가지 방법으로 구체화할 수 있다. 두 방법은 각각 다른 철학으로 뒷받침된다. 하나는 의지주의적 방법으로, 이 방법에 따르면 우리는 우리 자신의 도약을 통해 미래를 만들어가야 한다. 미래는 그 자체로 존재하는 것이 아니다. 우리는 자주적으로 우리 자신을 미래의 시간에 투영해본다. 우리가 이루어내려는 모습과 현재의 모습 사이의 거리가 미래라 일컬어진다. 미래의 계획을 포기한 사람은 짧은 시간의 폭에 갇혀버린다. 이런 경우에 기다림은 물건이 배달되는 시간, 혹은 목적지에 도달하기 위해서 이용해야 하는 교통수단과 지름길을 합산한 시간이란 뜻이다.

다른 하나는 덜 의지적이지만 그렇다고 소극적이지는 않은 방법이다. 이 방법에 따르면 우리는 개방적인 마음가짐을 가져야 한다. 이런 마음가짐이 있을 때, 사건들이 다소 장기적으로 일어날 수 있다. 그 결과, 우리의 시야가 훤히 넓어지고 어떤 것에도 방해받지 않는 자유를 획득하게 된다. 이런 공간이 그 자체로는 사건이나 사건들의 집합체가 아니지만, 사건이 닥치는 것을 가능하게 한다. 이런 경우에 우리가 잘해 낼 수 있는 것이 다르게 된다. 어떤 상황에서는 시야가 꽉 막히지만, 어떤 상황에서는 시야가 훤히 뚫려서 먼 곳을 감지하고 예측할 수 있기 때문이다.

내가 말하는 기다림은 세상이 우리에게 안겨주는 어떤 선물을 기다리는 것이 아니다. 그런 기다림은 응석받이인 데다 게으른 아이들의 행동과 다를 바 없다. 내가 말하는 기다림은 우리를 미래에 미리 대비하게 해서 갑작스레 닥치는 일, 특히 고약한 일을 해결하도록 유도하는 것이다. 이런 점에서 모든 것이 결국 해결될 거라고 믿는 낙관주의와는 다르다. 우리는 시간을 믿는다. 우리는 시간을 재촉하지 않지만, 위급한 경우에는 발걸음을 재촉한다.

따라서 우리는 미래를 예측해야 한다. 특히 미래가 불확실할 때는 더더욱 그렇다. 나를 비롯해 많은 사람이 '좋은 시절'에 대해 말했지만, 이 표현의 의미를 정확히 정의하기는 힘들다. 즐겁고 포근한 저녁 시간을 넘어 아름답기도 한 시간일 것이다. 세상과 나무들이 남자와 여자처럼 아름다울 것이다. 온화한 햇살이 우리 고통을 누그러뜨리거나, 우리 행복과 어울리며 우리를 한층 더 행복하게 해줄 것이다. 따라서 암울했던 시절은 고통스러웠을뿐더러 위험한 질병까지 창궐했다는 사실이 '좋은 시절'이란 표현에는 함축되어 있다.

그러나 기다리던 행복이 왔다는 걸 어떻게 알 수 있을까? 나는 다른 모든 즐거움에 대해서는 하나의 징조를 정해두었다. 봄이 정말로 돌아왔을 때, 다시 말해서 오월에야 문을 여는 술집이 있다. 단골손님은 물론이고 뜨내기손님도 저녁이면 시원하게 저녁을 먹을 수 있는 곳이다. 팔월의 숨 막히는 열기도 없다. 한여름에도 그곳 기온은 견딜 만하다. 튀긴 요리를 먹을 수 있고, 토요일과 일요일에는 춤까지 출 수 있다. 강물은 청록빛을 띠어, 물고기가 무척 많을 거라는 생각까지 떠오르게 한다. 사람들은 쌍쌍이 강변을 거닌다(모두가 합법적인 관계일까?). 별들이 그 술집의 오색 등불 위에서 흔들리며 단골손님들의 얼굴을 환히 비춘다.

따라서 이 이미지는 다른 어떤 이미지보다 나에게 큰 위안이었고, 좋은 시절이 근거 없는 희망은 아니라는 확신을 주었다. 이런 확신을 재확인하기 위해서 나는 아직 닫혀 있는 그 술집까지 자전거를 타고 달려가곤 했다. 아무렇게나 방치된 빽빽한 풀숲을 지나기도 했다. 분명히 그 술집은 폭풍우에 견디도록 지어진 건물은 아니었다. 그럭저럭 서 있었지만 흐릿한 등불 하나만이 밝혀져 있었다. 그 술집에서 지내는 사람들은 잠을 제대로 자지 못했을 것 같았다. 나는 생각에 잠겨 발길을 되돌렸다.

그리고 어느 날, 한 사람이 소리친다.

"술집이 드디어 문을 열었어!"

당신도 이처럼 자연의 질서를 예감한 때가 있었을 것이다. 나는 위와 같은 특정한 사례를 소개하는 데 그치지 않고, 기다림의 긍정적인 면을 보여주고 싶었다. 우리가 기다림의 긍정적인 면을 항상 민감하게 느끼지는 못하기 때문이다.

내가 술집의 문이 다시 열리기를 손꼽아 기다리는 동안, 다른 사람들은 보이지 않는 벽을 살그머니 열려고 애썼다. 점잖은 사람들은 기도에 열중함으로써 우리처럼 흥분하지 않는다. 이런 이유에서 독실한 사람들은 흔히 비난의 대상이 되었다. 그들은 뛰는 법이 없다. 약간 빨리 걷는 정도다. 그들은 고해실, 영성체, 지루한 예배도 꾸물거리며 다 지킨다. 몇 번이고 무릎을 꿇으며 기도한다. 게다가 구세주와 상대적으로 덜 알려진 성자를 경배하고, 부속 예배당에서 기도하려고 발걸음을 되돌린다. 그리고 혼잣말로 웅얼거리며 성당 앞의 광장으로 내려간다. 그들이 나쁜 선례를 보여준 것처럼 사람들은 그들을 조롱하며 '맹신자', '성당에 미친 사람'이라 불렀다. 그들에게는 하느님만 있으면 충분했다. 말도 안 되는 소리였고, 근본에서의 도피의 한 형태였다. 우리가 끝없이 재잘대는 잡담보다 유일하게 필요하신 분을 더 좋아하는 이유가 하나라도 있었더라면!

성당에서 의자 사용료를 받는 여자들과 어둑한 성당에서 행해지는 그들의 하찮고 비천한 역할과 편협한 사고방식을 대놓고 비웃는 사람들도 있었다. 그러나 우리 중 누가 그들의 사고방식을 세밀히 조사해서 정확히 판단할 수 있겠는가? 고약한 냄새를 풍기고 때로는 콧수염까지 듬성듬성 보이던 그녀들은 자신들에게 맡겨진 성직을 충실히 이행하며 그렇게 늙어갔을 것이다. 그녀들의 몸에 양초 냄새와 짙은 백합 향이 배고, 대체로 그녀들이 거의 씻지 않았다는 건 사실이다. 그러나 성당에서 가장 덜 영광스럽더라도 가장 오랫동안 지속되어온 부분이 그녀들의 몸에 스며들었다는 것을 알 수 있다.

나는 사창가, 기차역, 운동장이든 한 장소에 단순히 머무는 정도를 넘어 집착하는 사람들을 존경한다. 그들은 풍경의 한 부분으로서, 주변 풍경이 인간적인 모습을 띠게 해주는 존재들이다. 게다가 그녀들이 성당에서 맡은 직책은 보잘것없지만 고결함까지 없지는 않았다. 그녀들은 의자들을 정리하고, 의자 사용료를 징수하며, 신도들이 제단의 왼쪽에서 오른쪽으로 지나가는 동안 끊임없이 감실 앞에 무릎을 꿇고 앉아 있던 사람들, 또 성당의 창유리나 스테인드글라스를 통해 스며드는 빛을 통해서야 봄인지 여름인지 계절을 가늠하고, 탄생과 결혼과 죽음 등 인간 존재에 관련된 행사에 빠짐없이 참석해온 사람들이다.

보행자가 도시를 앞장서서 지키는 관리자이듯이, 그녀들은 성당에서 세탁을 도맡고 하느님의 식당을 관리하는 사람이었다. 그녀들의 등과 벙어리장갑과 깊은 주름은 그 자체로 기도였다. 그녀들에게는 감사의 기도로 하느님의 귀를 먹먹하게 할 필요가 없었다.

기도는 자신을 포기하는 행위다. "주님의 뜻이 이루어지기를 바랍니다"라는 주기도문에서 보듯이, 기도는 기다림이기도 한 것이다. 기도를 거듭한다고 당신의 바람이 더 빨리 이루어지는 것은 아니다. "언제 몇 시까지 저를 찾아주시면 감사하겠습니다"라는 식으로 주님과 만나는 시간을 혼자 결정하고는 주님의 소매를 잡아당기지 마라. 그런 기도는 이루어지지도 않겠지만 아무런 의미도 없다.

세상의 흐름을 생각해보면 우리 문제와 무관해서, 그 때문에 화를 내고 싶은 심정일 것이다. 믿음의 사람은 어떤 것도 요구하지 않는다. 그저 믿음을 유지한 채 계속 사랑하기를 바라며, 두 손을 이리저리 분주하게 놀리지 않고 다소곳이 모은다. 기도한다는 것은 어둠 속에서 정당한 이유 없이 한길을 택하고, 옅은 빛이 우리가 길을 잃지 않도록 인도해주기를 바라는 것과 같다.

## 내면의
## 고향

과거에는 내면의 고향이 있었다. 이제는 지방이 지역권과 그 아래의 도(道)로 분할되고, 사람들의 왕래가 빈번해지고 지방들이 전반적으로 평준화되면서 고유색이 흐릿해졌다. 그런 탓에 내면의 고향은 더더욱 우리 마음을 들뜨게 한다. 대중적인 예술과 작업이 유지되지 않는다면, 또 전통적인 유산이 보존되고 재개발되지 않는다면 지방은 그저 'PACA(프로방스알프코트다쥐르의 약어)', 프랑실리엥(일드프랑스 지역권에 거주하는 사람들)이라 불리거나 13, 69, 63, 39 등의 행정구역 번호로 일컬어지지, 더는 아키텐, 브르타뉴, 오베르뉴라 불리지 않을 것이다. 그러나 지리는 누가 뭐라 해도 윤리적이고 형이상학적인 문제다. 따라서 감각적인 정보들, 즉 역사적이고 지리적인 사실들이 우리의 기본적인 영감에서 어떻게 나타났고 어떻게 구체화했는지 살펴봐야 한다.

내면의 고향은 지역주의나 지방분권과 관계가 없다. 지배나 예속의 관계에 얽힐 필요도 없다. 내면의 고향은 우리와 유혹의 관계를 유지한다. 우리가 다가가면 내면의 고향은 오히려 뒤로 물러서는 듯하다. 그러나 우리가 잊으려는 모습을 보이면, 내면의 고향은 우리 안에서, 우리 영혼에서 숨결과 향기와 추억거리로 되살아난다.

지방은 영원하다. 제국과 공화국, 샘과 산, 어린 시절이 영원하듯이! 샘은 끊임없이 분출하며 움직인다. 오늘날 우리의 물이 오염되고 제어되며, 일부 기업이 광천수 생산을 핑계로 샘을 가로채려 했다는 것은 그다지 중요하지 않다. 산은 위에서 헬리콥터가 날고, 케이블카가 연결되어 관광객들과 등산객들로 몸살을 앓지만, 여전히 고고한 자태로 우리를 일깨운다. 역사와 관계가 있는 문화적 원형들은 역사 속에서 잉태되었지만, 지금은 유사한 영향력을 즐기는 듯하다. 공화국? 우리 모두와 관계가 있는가?

그렇다. 하지만 강베타 공화국, 쥘 페리 공화국은? 아테네 공화국과 로마 공화국도 그런가? 제국은 어떤가? 강력한 중앙집권 국가를 말하는 건가? 그렇다. 하지만 서로마 제국과 동로마 제국은? 이집트 제국, 페르시아 제국, 로마 제국은? 변덕스레 떠돌지만, 보람를 갈구하는 몽상에 빠져들고, 우리에게 뭔가를 말해줄 몇몇 요인들을 결연히 붙잡는다.

제3공화국에 관련해서는 식민지 전쟁, 가혹한 노동조건, 몇몇 부패한 정치인을 지나치게 물고 늘어지지 말자. 오히려 보통선거가 시작되고, 공립학교가 설립된 시대라고, 또 확신과 기개를 겸비한 인물들이 나타났던 시대라고 생각하는 편이 낫지 않겠는가.《외제니 그랑데》를 쓴 오노레 드 발자크*부터 프랑수아 모리악*까지, 지방을 풍부하게 다룬 문학에 이르도록 거론하지 않더라도 지방 또한 마찬가지일 것이다. 지방 사람들, 지방의 좋은 점과 나쁜 점, 지방의 독특한 특성 등에 대해 의문을 가질 때 우리는 절제와 도피의 윤리를 어렴풋이 머릿속에 그리며 한층 더 조심스레 호흡하게 된다.

재기발랄하지만 자칫 오만에 빠지기 쉬운 사람들이 감각은 하찮은 것이라 비판하곤 한다. 그렇다고 감각을 배제한다는 뜻이 아니라, 정신을 차리고 귀를 기울이는 데 필요한 신중함을 갖춘다는 뜻이다. 지방에는 고유한 특성이 있었다. 내 생각에 지방은 지금도 그 근원이 분명한 흔적들을 드러내 보이는 듯하다. 나는 그 흔적 중 일부, 예컨대 혼잡한 거주지, 추적추적 내리는 가랑비, 늙은 노처녀들을 묘사하고 분석하는 데 만족하려 한다.

혼잡한 집들이 아직도 내 기억엔 뚜렷하다. 특히 거실과 식당은 복잡하기 그지없어, 소중한 물건을 건드려서 넘어뜨리지 않으려고 극도로 조심하며 돌아다녀야 할 지경이었다. 나는 그런 곳에서 초현실주의적인 시간, 감히 말하건대 말라르메*식의 시간을 보낸 적도 있었다. 우리가 방석들과 도자기들에 둘러싸여 이런저런 이야기를 나누고 있으면, 그 집의 젊은 여자가 우리에게 뜨거운 음료를 내왔다. 그러면 길고 장황한 말은 단편적인 생각, 단편적인 지식으로 애매모호하게 얼버무려졌다. 지방이 아닌 다른 지역이었더라면 우리는 숨이 막혔을 것이고, 적잖게 불편함을 느꼈을 것이다. 다른 곳이었다면 끔찍할 정도로 뒤죽박죽되어 보였을 것이 천상의 조화로 여겨졌다. 이렇게 호의적인 눈길로 보았던 이유는 얼마든지 짐작된다. 집주인들은 돈을 주고 산 물건들을 차곡차곡 쟁여 두었고, 어느 것 하나도 버리지 않았다. 버릴 게 없었기 때문일까? 더 정확히 말하면, 뭐든 호의적으로 대해야 한다는 철칙 때문이었을까? 어떤 물건을 사거나 선물로 받으면, 그 물건과 맺은 우정의 협약을 깨뜨리고 그 물건을 불쌍하게 내팽개친다는 건 생각할 수도 없는 일인 듯하다.

우리는 무수한 물건들을 우호적인 눈길로 훑어보았다. 이 벽시계는 할머니의 것이었고, 이 도자기 식기들은 결혼 선물이었으며, 이 식탁보는 어떤 자선단체가 주최한 행사에서 얻은 것이었다. 인간에 대한 경애심으로 시간의 파멸에서 벗어난 사람들과 기념품들이어서, 나는 우리 친구들이 추억의 물건들을 지켜야 하는, 자신들보다 충실한 자식들의 부담을 덜어주기 위해서 죽음의 시간마저 늦추었던 것이리라 생각하곤 했다. 이런 크나큰 배려심을 제외하면, 그들은 새로운 것을 찾는 바이러스에 감염되지 않는 사람들이었다. 옛것의 소유는 (빈곤의) 미학이나 안락함과 아무런 관계가 없었다. 전통이나 추념과 관련된 마음이었다. 나는 파리에서 이런 미덕을 간직한 몇몇 가정에 초대받았다. 그리고 내면의 고향은 마음가짐에 있는 것이며, 반드시 지리적 조건에 따라 결정되는 것은 아니라는 확신을 얻었다.

내 생각에 지방의 소도시는 추적추적 내리는 가랑비가 어울리는 듯하다. 시골에서는 회오리바람도 위험하다. 더구나 무시무시한 폭풍우는 드넓은 들판에도 막대한 피해를 준다. 무지막지한 폭풍우가 닥치면 수확물이 위험에 빠지고, 농가들이 고립될 위기에 처한다. 회오리바람은 하늘 높이 치솟기 때문에, 충분한 공간을 확보하면 지나가는 곳을 쑥대밭으로 만들어버린다. 소도시에 비가 홍수처럼 쏟아지면 비는 자신의 의무를 잊고, 애꿎은 곳에 지고의 극치, 즉 재앙을 안겨주기 십상이다. 대도시라면 하늘의 공격을 그런대로 견뎌낸다. 하늘의 공격이 시작되면 대도시도 그렇지만 메갈로폴리스도 정상에서 벗어난다. 벼락이 치고 천둥이 으르렁대기 전에 행인들과 자동차들은 한층 속도를 낸다. 무질서와 혼돈이 더욱 깊어지고, 행인들은 발걸음을 더더욱 재촉한다.

그러나 추적추적 내리는 가랑비에 지방의 소도시는 조금이나마 더 다소곳하게 변하고, 매력적인 모습이 조금은 더욱 뚜렷하게 드러난다. 가랑비는 건물들의 전면에, 아이들의 이마에 방울방울 맺히고, 아이들의 모자에도 살포시 내려앉는다. 가랑비에 소도시는 더욱 친밀하고 행복하게 한 덩어리가 된다. 일찌감치 덧창이 닫히고, 상점의 진열창에 커튼이 드리워지며, 시청도 문을 닫는다. 그리고 소도시 주민들은 다 함께 꿈을 꾸기 시작하며, 자리를 잡고 앉아 미래의 부담을 내려놓고 다른 조건이었다면 낭만적인 연정이나 어린 시절 등이 어땠을까 상상한다. 경제적인 이유로 불빛이 약간 어둡지만, 그 때문에 마음이 현재의 순간에서 훌훌 벗어난다. 가랑비가 거대한 걸옷처럼 도시 전체를 축축하게 감싸면, 그러잖아도 일상의 삶에서는 감지되지 않던 나머지 세계는 사라져버린다.

노처녀들. 옛날에 파리와 대도시에는 결혼을 하지 않은 여자들이 있었다. 그들이 기억에 남겨지기 위해서는 지방이란 존재가 필요했다. 하지만 그들은 자신이 속한 사회에서 일정한 역할로 영향력을 행사하며 사회를 움직였다. 그들에게는 대체로 좋은 역할이 맡겨지지 않았다. 그래서 가정생활만이 여성에게 원만하고 부드러운 면을 부여하는 듯 그들은 괴팍하고 무뚝뚝한 여자로 간주되기도 했다. 그들은 늙어가면서 더욱 고집스러운 듯했다. 그런 그들에게는 시골 사람들이 훨씬 관대한 편이었다. 그들은 그 노처녀의 마음에 평생 씻기지 않을 상처를 준 엄청난 연정이 있었으리라 생각하곤 했다. 또 그들은 지루하게 되풀이되는 일상의 삶에서 좋은 일에 관련된 적이 없었던 까닭에 사람들은 그들이 의연하고 조신하고 초연하기를 바랐다.

그래도 조카들의 마음을 이해하는 편이었기 때문에 조카들에게는 인기가 있었다. 가끔 두 자매가 함께 사는 경우가 있었다. 그런 경우, 서로 상대의 건강과 기분을 세심하게 챙기며 다른 곳에서는 보기 힘든, 감동적인 애정을 상대에게 한없이 쏟기도 했다. 둘 중 하나가 먼저 세상을 떠나면 남은 사람도 오래 살지 못했다. 그들은 무엇으로 생계를 꾸렸을까? 그들에게는 많은 것이 필요하지 않았다. 그들은 가난을 무척 부끄러워하며 감추었고, 품위 있게 살며 경제적 곤란을 대수롭지 않게 여기려 했다. 의욕도 없는 아이들에게 피아노를 가르치는 바람에 음표가 피아노에서 방향을 잃고 불협화음을 빚어내기 일쑤였다.

지방은 파리를 애타게 그리워하며 곳곳에 파리가(街)란 이름을 붙였고, 파리로 향하는 길도 만들었다(베르주라크와 뤼송에서 시작된 길은 파리까지 연결되지 않았다). 또 지방은 파리에서 제작한 물건들에 심취했다. 파리에 갈 기회를 잡은 사람들은 과분한 명예까지 누렸다. 파리 여행을 하려면 사업계나 정치계에 몸담고 있거나, 확실한 수입이 있어야 했다. 남자든 여자든 파리에서 돌아올 때는 경박한 분위기, 심지어 방탕한 분위기마저 띠었다. 내 바람이지만, 이런 감성이 소도시의 경멸로 이어져서, 결국 사람들은 소도시를 떠나지 않았다. 식민지 사람들이 조국을 그리워하며 살아갔던 것처럼, 소도시에 머문다는 것은 추방당한 채 죽어가는 것과 같았다. 소도시의 길들은 파리의 대로들에 비하면 한산해 보였고, 소도시의 여성들과 주민들은 파리의 고상한 여성들과 멋쟁이들에 비하면 시대에 뒤떨어진 사람들로 보였다.

어디에서 이런 차이가 생겼을까? 매혹적인 우수를 즐기는 방법의 차이였을까? 아니면 한적한 곳에서 살아가는 삶의 방법의 차이였을까? 파리가 이 부분에서 우리를 매료하는 힘을 상실한 후에도 지방은 잠자는 미녀, 잊혀진 공주로 여겨지지 않았다. 지방은 원래의 매력이었던 권태를 더는 보여주지 못했다. 지방도 더는 지방이 아니었다.

과거에는 접근하기 어려운 데다 프랑스의 다른 지역과 교류도 무척 드문 지방이 있어 '뚫고 들어갈 수 없는 지방'이란 말까지 있었다. 오베르뉴가 대표적인 예였다. 조심스러운 심성 때문에 함부로 다른 사람들과 뒤섞이지 않고, 사방에 자신의 존재를 드러내지 않으려는 확고한 의지에서 비롯되었다고 생각된다.

나는 베아른과 올로옹생트마리, 두 지방을 예로 들어보려 한다. 두 지방은 아주 일찍부터 영국 대가문들과 러시아 왕족들을 받아들였지만, 그렇다고 가장 깊은 곳의 비밀까지 열어 보이지는 않았다. 지금도 이방인이 거만한 태도로 마을의 카페에 들어서면, 베아른 사람들은 그 거만한 이방인이 알아듣지 못하도록 모국어를 사용한다. 반면에 도시는 새로운 상품과 사상 및 이주민들에게 개방적인 자세를 취하고 싶어 하며 변덕스러운 모습을 드러낸다. 과거에 지방은 이런 추잡스러운 모습을 혐오했다. 이런 화려함은 시골 사람들에게 요란한 겉치레로 여겨져서, 외부에서 유입된 것에 동화되는 데 상당한 시간이 걸렸다.

몽드마르상, 캥페르, 낭시, 나르본, 바르셀로네트의 공통점은 무엇이었을까? 권태를 만끽할 수 있었다는 걸 제외하면 아무것도 없다. 나는 권태가 프랑스의 거의 전역을 무력화시켰다고는 믿지 않는다. 요즘에 누가 감히 그렇게 주장할 수 있겠는가. 더구나 그런 권태가 사라지면서 이제는 지방마저 사라졌는데. 과거에는 권태를 만끽할 수 있는 효과 덕분에, 많은 지역이 적막하고 막연하다는 점에서 유사했을 것이다. 또 알프스산맥, 쥐라산맥, 중앙 산악지대, 노르망디의 절벽들, 알사스의 보주산맥 자락, 브르타뉴의 예수 수난 군상들은 프랑스 지도에서 지워졌을 수도 있었다.

하지만 프랑스 지도에 긍정적인 인상을 심어주자는 데 모두가 동의한다면, 나는 위의 대답을 전적으로 인정한다. 우리가 감각의 상실은커녕 각 지방의 주민들과 계절들 및 일요일과

태양을 정확하게 파악할 수 있을 만큼 신중하기 때문이다. 덧창을 살며시 열고, 낯선 사람 앞에서는 시선을 낮추며, 예배를 끝내고 성당을 나오며 서로 인사를 나누고, 군수의 연설을 듣고, 사랑하는 사람을 애태우며, 어린아이처럼 변한 노인의 곁에 앉아 시간을 지체하고, 향토 시인의 시시한 시를 들어주며, 겨울 저녁에는 상점의 커튼을 드리우고, 편지를 끝없이 교환하는 고유한 관습들이 아직 남아 있기 때문이다. 권태는 죗값, 즉 도시에 사는 행운을 누리지 못한 사람들에게 가해진 형벌이 아니었다. 오히려 모든 집에서, 사춘기부터 노년기까지 드러내 보이고, 크리스마스와 혁명기념일, 개학과 방학, 몇몇 조신한 처녀들과 탈선한 방탕아들을 구분할 수 있게 해주던 삶의 방식이었다.

이런 삶의 방식이 지방을 한창 지배하던 때는 권태가 애수, 영혼의 그윽한 음악이 되었다. 다시 말하면, 삶에 대한 환멸이 아니라 삶에의 애착을 지워버린 '테디움 비테', 즉 무기력증이 되었다.

내 생각에는 지방의 이런 이미지를 문자 그대로 하나씩 따지는 건 신중하지 못한 듯하다. 여러 중심점을 지녀서 중심축에서 벗어나 혜택을 누리지 못한 지역들이 있는 프랑스의 모습을 상징하는 우리의 정신세계를 한 관점에서 묘사하려는 시도는 무분별한 짓인 듯하다. 따라서 나는 자신의 시대에서 물러나서 살 수 있는 사람, 다른 경우에는 그 시대의 지식을 획득하려고 열심히 경쟁하더라도 침묵과 명상을 기꺼이 선택할 수 있는 사람에 관련된 교훈을 전반적으로 살펴보는 데 만족하고 싶다.

글쓰기

글을 쓰고 그림을 그리는 이유, 혹은 춤을 추거나 음악을 만드는 이유는 자신의 재능을 실험하고 세상을 향해 말하려는 것도 아니고, 자신과 비슷한 사람들이 자신들의 삶에 의미를 부여하는 걸 돕기 위한 것도 아니다. 자아에 다가가려는 노력의 일환이고, 살아있는 동안 '실수'하지 않기 위함이다. 내적 성찰이나 분석만으로 충분하지 않은 것이 사실이다. 인내와 겸양을 갖추어야 할 것이다. 그렇다고 우리가 눈에 보이고 조작할 수 있는 실체적인 존재들을 다루게 되는 것은 아니다. 기껏해야 우리가 이번에는 우리 자신에게 좀 더 가까이 다가간 덕분에, 과거에는 실질적인 우리 자신과 혼동했던 거짓된 모습에 더는 속지 않으리라 추측할 수 있을 뿐이다. 우리가 이런 경험을 어느 정도 신뢰하더라도 이런 경험이 우리 존재의 미스터리한 면을 우리에게 완전히 드러내 주지는 않을 것이다. 이 본질적인 자아는 우리의 순전한 창작물이 아니지만, 우리 노력과 우리 모색에 상응하는 형태를 띤다. 그럼, 작품은 오랜 성숙의 결실일까, 아니면 순간적으로 만들어지는 것일까?

몇몇 예술가들은 빠른 속도로, 때로는 순식간에 작품을 완성해낸다. 화가의 경우, 어떤 화가는 캔버스 위에서 미친 듯이 발을 구르거나 캔버스를 흔들어대고, 때로는 캔버스에 욕설을 퍼붓거나 주먹질을 하며 분노를 투영한다…. 그들은 권투선수의 광기, 감성의 광기를 색으로 표현해내며, 세상의 열정에 버금가는 열정으로 사물들의 공격에 반격을 가한다. 이런 접근법도 무미건조하지 않다는 점에서 무작정 거부할 이유는 없다.

나는 다른 길을 걷는 예술가들, 즉 오랜 인고의 결실로 작품을 내놓는 예술가들에 대해 말하고 싶다. 이런 예술가들은 끝없는 침묵이 있고 나서야 입을 조심스레 열 뿐이다. 나는 이런 접근법에서 두 가지 이유를 찾아낸다. 첫 번째는 재능이나 천재성이 느릿하게 나타나기 때문이다. 작가는 자신의 생각을 적절하게 표현할 단어를 알지 못한다. 따라서 그 단어들을 찾으려 고심한 끝에 더 나은 표현을 찾아낸다. 번뜩이는 임기응변의 재주를 한껏 발휘하고, 즉석에서 초상화를 그려내며, 자신의 생각을 자연스레 표현해내는 세속의 존재들에게 화가 있으리라! 우리는 누구나 이미 말해진 것, 이미 보았던 것, 이미 느꼈던 것으로부터 영향을 받는다.

또 그런 것들을 표현하는 건 무척 쉬워 보인다. 장 지오노는 어떤 상황들에서 직접 경험했던 것을 이렇게 말해주었다. 삼백 쪽, 사백 쪽, 오백 쪽으로 쓰일 이야기가 그에게 거의 순간적으로 뒤죽박죽인 채로 밀려왔고, 그 이야기가 그의 마음속에서 십 년, 이십 년 동안 숙성되어 퇴색할 때쯤에야 마침내 예술작품으로 승화된다고 말이다. 조각가 루이즈 네벨슨은 "젊었을 때 나는 오십 고개를 넘어서야 내 능력을 온전히 발휘하게 될 것이고, 그 나이에 이를 때까지 나에게 필요한 연장을 완전히 갖지 못할 거라는 걸 알고 있었다"라고 말했다. 시인 샤를 쥘리에*도 "나는 거의 이십오 년 전부터 글을 써왔지만, 그해 크리스마스이브에 내가 시작조차 하지 않았다는 느낌이 밀려왔다"라고 똑같은 심정을 피력했다. 이런 조심성이 비정상적이었다면 쥘리에*는 어떤 작품도 내놓지 못했을 것이다. 쥘리에는 지극히 겸손해서, 진정으로 천부적인 능력을 지니지 못했다고 생각했던 셈이다. 우리가 이런 교훈을 받아들인다면 성급함을 멀리하고 인내라는 미덕에 더욱 가까이 다가갈 수 있을 것이다.

두 번째 이유는 이런 신중함에서 찾을 수 있다. 달리 말하면, 능력과 관련된 이유가 아니라, 결코 건너뛰어서는 안 되는 영적인 탐구와 관련된 이유다. 무엇보다 우리는 예술가가 자신의 존재를 세밀히 관찰하는 존재라는 걸 인정해야 한다. 요컨대 예술가는 본질에 접근하기 전에, 매력적이고 혼란스럽지만 흥미로운 움직임에서 예술과 적잖은 관계를 갖는 온갖 종류의 것에 사로잡혀봐야 한다. 그리고 미학적인 단계를 넘어서야 한다. 그런데 무수한 예술가가 이 영역에서 맴돈다. 하지만 여전히 성공의 가능성은 남아 있다. 어느 날 그들 중에서 신의 축복을 받은 이가, 어떤 인상에 과감히 맞서는 힘을 갑자기 감지하며 그 인상을 구체적으로 형태화할 각오를 다진다. 그때부터 그는 그야말로 '인내'하며 견디는 모습을 보여줄 수 있어야 한다. 이렇게 그는 모든 것을 초탈해 삶의 공허함까지 경험하게 되는 것이 아닐까? 침묵을 가장 바람직한 것으로 생각하며 영원, 즉 수면만이 아니라 돌덩어리까지 지배하는 영원과 혼동하는 지경까지 치닫지는 않을까? 그러나 그런 극단적인 위험이 있는 곳에서 신의 은총을 예기치 않게 찾아볼 수 있지 않겠는가.

시몬 베유는 일찍이 이렇게 말했다.

"극히 소수의 사람만이 사물과 사람이 존재하는 걸 깨닫는다. 우리는 이런 깨달음에 감사해야 할 것이다. 우리와 다른 존재를 발견하면 오싹한 한기가 밀려오고, 그런 충격에서 회복하기가 쉽지 않기 때문이다."

우리와 다른 존재를 찾아내면 우리는 충격을 받고 벼락을 맞은 기분이 되며, 온몸이 마비되고 거의 미치광이가 되어 아무런 생각도 할 수 없는 지경에 빠진다. 그런 경험의 전반적인 강도는 그다지 중요하지 않다. 우리와 다른 존재가 있다는 사실을 깨닫는 순간, 삶의 흐름이 중단되고, 우리는 우리 임무에 단호한 걸음으로 다가가야 한다는 사실마저 잊어버린다. 다행히 우리가 합리적인 거리를 두고 걸으며 만나는 다른 존재들에서 찾아지는 곡선과 형태는 어린아이, 어린싹, 폐허로 변한 벌판, 고뇌에 찬 얼굴 등을 보여준다. 이런 해독 작업의 결과로 우리는 한층 합리적으로 행동하며, 우회하는 편이 나은 것은 피하고, 더 세심하게 살펴봐야 할 만한 것에 다가간다.

우리가 관심을 보이면서 고려해야 할 만한 모든 것을 빠짐없이 존중하고 배려해야 한다면, 계획을 향한 여정에서 우리는 좀처럼 앞으로 나아가지 못할 것이다. 우리 자신을 지키기 위해서라도 어느 정도의 무관심이 필요한 이유다. 대학생 시절, 건물의 벽면들과 분주하게 움직이는 주부들의 모습이 내 시선을 사로잡은 탓에 강의에 늦은 적이 한두 번이 아니었다. 똑같은 이유에서 약속을 어긴 적도 적지 않았다. 심지어 사랑의 약속까지! 대학을 졸업하고 중학교 교사가 된 후에도 나는 따사로운 햇살로 흠뻑 젖은 시골길을 따라 느긋하게 거닐며 학교에 출근하곤 했다. 따라서 학생들은 나를 손꼽아 기다리다가 자습하는 수밖에 없었다. 나는 이런 못된 행동이 부끄럽게 생각되어, 황홀한 모습의 구름을 보느라 내 발걸음이 지체되지 않기를 바라며, 머리를 꼿꼿하게 세우고 정면만 바라보며 걸으리라 결심했다. 우리는 자신에게 주어진 임무에 충실해야 하지만, 주변의 것에 철저히 무관심해서도 안 된다. 자칫하면 세상이 최대한 빨리 해독해야 할 신호들의 집합체로 변해버릴 것이기 때문이다. 시인 크리스티앙 보뱅*은 우리가 사물과 존재에 무엇을 빚지고 있는지 모르는 사람의 불행을 이렇게 정리했다.

"아무것도, 심지어 풀잎 하나도 자라지 않는 세계를 찬양하며 평생을 보낸 사람이, '여하튼 너는 풀잎 하나를 찬양하며 평생을 보내지는 않을 것이다'라고 내게 말하곤 했다."

느림은 민첩하지 않고 차분한 기질인 사람의 특징이 아니다. 느림은 우리 행동 하나하나가 중요하고, 우리가 잠시라도 빨리 벗어나겠다는 생각에 서둘러 행동하지 않아야 한다는 뜻일 수 있다. 그러나 우리 삶의 대부분은 무의미한 일로 채워지는 게 아니던가? 크리스티앙 보뱅은 우리에게 정반대로 말했다. 보뱅의 지적이 맞는다고 믿는다면, 우리는 다른 식으로 살아야만 할 것이다.

"모든 것을 제대로 해내야 한다. 특히 평범한 일까지도. 문을 열고, 편지를 쓰며, 손을 내미는 지극한 단순한 일도 정성을 다하고 최대한 주의를 기울여야 한다. 세상의 운명과 별들의 운동이 그 일에 달려 있는 것처럼. 더구나 세상의 운명과 별들의 운동이 정말로 그 일에 달려 있다."

사실, 우리는 생각보다 훨씬 자주 평범한 행동들에 관련된다. 문을 열어야 우리가 밖에서 안으로 들어갈 수 있고, 이 방에서 저 방으로 이동할 수 있으며, 다른 환경에 들어가거나 다른 하늘 아래에서 휘젓고 다닐 수 있지 않은가. 만약 내 집에 덧창이 있다면, 그래서 그 덧창을 열면 나는 세상이 내게 다가오는 걸 허용하고, 세상에 우정의 손짓을 보낸 것이 된다. 또 세상에 우리가 함께하며 서로 상대의 기분을 상하게 하는 짓을 하지 않겠다고 다짐하는 것이 된다. 내가 건성으로 도움을 준다면, 그 이유는 내가 고귀한 예절을 막연히 따를 뿐, 타자가 내 눈에는 거의 존재하지 않기 때문이다.

이번에는 현대미술의 겸허하고 끈질긴 탐구를 큰 의미가 없다고 생각하며 현대미술을 믿지 않는 사람들의 말을 들어보자. 물론 마르셀 뒤샹*이나 앤디 워홀 같은 화가들이 가장 먼저 떠오른다. 워홀은 궁극적으로 예술에 헌신하기 위해서 전문지식을 포기하겠다고 선언했다. 반면에 샤를 쥘리에는 몇 번의 시행착오를 거친 후에야 시작(詩作)을 그런대로 해내는 수준에 이르렀다고 우리에게 고백했다. 뒤샹의 신조는 "어떤 것이든 상관없지만 시간이 중요하다"였는데 소재(본질적인 자아)에 어떤 가치를 부여했을까. 뒤샹은 모티프, 제작된 작품의 무의미함을 역설했다. 뒤샹의 유명한 상자들은 소리만으로 구분할 수 없는 뭔가를 넣은 후에 아무도 열지 못하도록 봉해진다. 물론 그 상자는 빈 상자일 수도 있다. 어떤 물건이 있다면, 그것이 코카콜라 상자처럼 무한히 재생산되는 물건이라고 해보자. 여기에서 예술가는 두 번째 요소에 불과하고, 첫 번째 요소는 기업가가 된다. 공산품이 아니라 그림이나 문학 작품처럼 품격과 형태에서 순수하고 독창적인 자료를 상대로 하더라도 상황은 달라지지 않는다.

"뭔가를 만든다는 것은 푸른색 튜브, 붉은색 튜브를 선택한다는 뜻이다. 당신은 그 튜브를 어딘가에서 돈을 주고 샀지, 당신이 직접 만들지는 않았다. 튜브는 레디메이드$_{ready\ made}$다. 세상의 모든 튜브는 레디메이드드."

이 논법을 언어에 적용하면 더욱 그럴듯하게 들린다.

"언어는 이미 존재하는 것, 즉 사용되기를 기다리는 레디메이드다. 언어를 사용하는 사람들이 언어를 만들어낸 것이 아니다. 그들은 언어를 찾아내거나 언어에서 몇몇 요소의 위치를 바꿔놓을 뿐이다."

이 주장은 면밀하게 검토할 필요가 있다. 언어가 우리보다 먼저 존재한 것은 사실이지만, 우리가 결국 사용하게 되는 물건처럼 우리와 마주 보고 있는 것은 아니다. 언어는 우리를 포괄하고 에워싼다. 우리는 언어 안에서 살아간다. 그러나 언어를 구성하는 요소 중 일부의 위치를 바꾸거나, 어조에 변화를 주면 언어 전체가 근본부터 흔들리고 변한다. 그리고 언어 사용자는 세상에서 다른 위치를 점하게 된다.

언어를 사용할 때는 많은 주의와 세심함이 요구된다. 이런 이유에서 샤를 쥘리에는 하나의 단어에 부여할 가치를 온종일 고민하기도 했다. 언어를 사용할 때는 단어를 실제로 말하는 순간들보다 일시적으로 중지하는 시간, 적절한 단어를 찾지 못해 망설이다가 포기하는 순간들이 훨씬 더 많다. 여기에서도 느림은 태만의 증거가 아니다. 느림은 예술가라면 피하고 싶은 위험(진부함과 불협화음)이 닥쳤음을 뜻한다.

앤디 워홀의 주장에 따르면, 전시회는 꼭 필요한 것인 듯하다. 전시회는 작품을 전시하는 공간만을 뜻하는 게 아니다. 전시회가 없으면, 오브제가 예술품으로 등록되지 못할 것이다. 여기에서 화랑과 미술관 및 몇몇 공공장소의 본질적인 역할이 잉태된다. 예술가는 문화적 만남을 조직하는 사람에게 자신의 능력을 입증해야 한다. 뛰어난 작품도 일부 애호가들에게만 알려진 채 그 수준을 넘어서지 못한다면 큰 가치를 갖지 못한다. 따라서 그 예술품이 속한 조직망에 들어가서, 목록을 만드는 사람들에게 자신의 예술품을 선보여야 한다. 하지만 내면성을 중요하게 생각하는 예술가들은 자신을 적나라하게 드러내고, 무분별한 시선의 공격을 견뎌야 하는 전시회를 꺼린다.

나는 후안무치한 태도보다 그들의 수줍어하는 모습을 더 좋아한다. 전혀 다른 것을 말하는 것처럼 보이더라도 깊은 내면에 감춰진 것을 드러내야 하는 만큼 그들이 수줍어하는 것은 정당하다. 그런 예술가도 돈과 사회적 성공 혹은 자신과 세상을 위해서 꼭 필요한 것으로 생각하는 탐구 사이에서 자주 어떤 것을 선택해야 했을 것이다. 그가 가난한 삶을 바라지는 않겠지만, 가난은 돈으로 평가할 수 없는 것을 변함없이 사랑하는 그의 마음을 확고하게 다져준다. 그러나 앤디 워홀은 "돈을 버는 게 예술이다. 일하는 것도 예술이다. 사업을 잘 꾸려가는 것은 예술의 극치다"라고 말했다. 워홀은 상업 예술가로서 삶을 마칠 수 있어서 행복하다고 말했다.

포도주의
지혜

사회적 생활방식의 하찮은 징후들에도 관심을 기울이던 소박한 사람들은 포도주에 '통과의례'라는 역할을 떠맡겼다. 영성체 날이면, 어린아이들도 물을 붉게 물들여 마시는 게 허락되었다. 그리고 성대한 의식이 있을 때 아이들은 생애 첫 포도주를 잔에 담아 마셨다. 아이들은 소박한 데다 지적 능력과 교양에서도 단순하기 그지없어, 첫 포도주를 마시는 아이를 에워싸고 즐거워했으며, 그 아이가 마지막 한 방울까지 마시면 박수를 치며 좋아했다. 첫 포도주가 대단한 것은 아니었다. 첫 담배, 첫 손목시계(때로는 그가 평생 손목에 차는 유일한 시계가 되기도 했다), 첫 자전거처럼 일종의 통과의례였다. 우리 아이들 중 처음 마신 포도주를 아직껏 기억하는 아이가 있을까?

그것이 '대수롭지 않은 지방 포도주'였다면 그래도 당신은 이렇게 말하고 싶은가?

"유명한 포도주는 아니다. 아주 맛이 좋은 포도주가 아닐 수도 있다. 그러나 내 포도주이고, 내 고향의 포도주다. 내가 학교에 다닐 때 따라 걷던 이 울타리처럼, 또 내가 직접 둑을 쌓아 올린 이 시냇물처럼."

특별히 뛰어난 포도주는 아니었다. 더 정확히 말하면, 그 포도주를 음미하고 사랑하기 위해서는 그 포도밭 주변에서 태어나 살았어야 한다. 따라서 수십만 곳의 울타리와 포도밭이 있듯이 수십만 종류의 포도주가 있었고, 여기에 특별한 저장고의 맛이 더해졌다. 드넓은 포도밭이 등장하면서 작은 포도밭을 위협했지만, 포도재배법의 발달로 포도주의 질도 개선되어 이제 모든 포도주가 질적으로 서로 비슷해지고 있다. 지방 포도주는 때때로 시큼한 막포도주로 변해가는 것을 부끄러워하지 않는다. 시큼하게 변하는 건 포도주가 나이를 먹어가는 방식이며, 키 작은 노인이 구부정한 허리에 지팡이를 짚고, 더구나 세월이 지나서 성격이 고약하게 변한 것과 다를 바 없다. 마을 사람들은 따가운 햇살로 인해 피부가 다갈색으로 변한 북부 사람들을 보며 미소짓듯이, 외지인들이 얼굴을 찡그리며 막포도주를 마시는 모습을 지켜보며 즐거워한다. 솔직히 말해서, 시간이 흘러 시큼하게 변한 포도주의 맛이 외지인들의 기분을 일부러 상하게 하려는 것은 아니어서 더더욱 재미있어한다.

따라서 시골 술집이나 노동자 식당의 테이블에는 이런 포도주를 담은 병들이 놓여 있고, 그 포도주병 옆에는 빵과 접시가 다소곳이 놓여 있다. 당신처럼 때때로 그곳을 지나는 숙박객을 기다리는 것이다. 말하자면 환대와 우애의 표식이다. 식사를 시작하기도 전에, 옆에 앉은 사람이 당신의 잔에 포도주를 가득 채우고, 자신의 잔까지 채운 후에 건배하며 당신과 조금이나마 더 가까워졌다는 표정을 보인다. 이때 그의 건배를 거부해서도 안 되고 얼굴을 찌푸려서도 안 된다. 그렇게 무례한 반응을 보이면 용서받기 힘들다. 이런 풍습을 알고 있어야 지방을 다닐 때 피로감을 더 잘 견딜 수 있을 것이다.

먼 여행을 끝내며 마을 입구에 들어서면 포도주와 빵이 차려진 테이블이 당신을 기다린다. 편한 자세로 앉아 허리띠를 풀고 구두를 벗기도 전에 당신은 피로가 풀리는 기분에 젖을 것이다. 좋은 포도주 한 병을 주문해서 주변 사람들을 대접해도 상관없다. 그들은 약간 격식을 차리며(항상 일요일은 아니잖은가), 또 약간은 조심스러운 태도로(포도주가 당신의 기대에 부응하지 않을지도 모르잖은가) 포도주 병마개를 딴다.

포도주에 관련된 어떤 풍습에는 우리의 모든 기능을 떨어뜨리는 효과가 있다. 취기는 처음에는 감각을 자극하는 듯하지만 결국에는 조금씩 우리의 기능을 마비시킨다. 진정한 술꾼은 조금씩 몽롱한 상태로 빠져드는 데서 즐거움을 느낀다. 술을 급하게 마시지 않아야 무감각 상태로 빠져드는 기분을 만끽할 수 있기 때문이다. 술꾼은 충분한 경험이 있어, 포도주가 신체 기관의 각 부분을 훑어가는 걸 의식할 수 있다. 그가 받는 신호는 언제나 똑같은 메시지를 전해준다. 그는 똑바로 걷지 못하고 어깨를 흔들거리며 갈지자로 걷는다. 혀는 본래의 유연함을 상실하고 입속에서 힘겹게 맴돈다. 횡설수설하며, 짤막한 말도 몇 번이고 되풀이해서야 완성한다. 몸이 부풀어서 살이 스펀지처럼 물렁물렁해진다. 그가 술에 탐닉하는 이유는 뭔가를 잊기 위한 것이 아니라 몸의 이런 변화를 만끽하기 위한 것이다. 몸의 변화가 늦어지더라도 그는 결국에는 그런 변화가 일어날 거라고 확신하며, "봐, 변했지! 변했잖아!"라고 소리친다. 마침내 그는 만취 상태가 되어 풀썩 주저앉아, 몽롱한 의식 상태에서 완전무결한 충만감에 빠져든다.

내가 말하고 싶은 것은 이런 장중한 절차가 아니라 명쾌하고 경쾌하게 진행되다 거의 중단에 가까운 속도로 지연되는 상태다.

예컨대 사월의 화창한 아침에 한 남자가 분홍빛 포도주를 앞에 두고 카페 테라스에 혼자 앉아 있다. 그는 아직 포도주에 손도 대지 않았다. 그는 행복해 보였다. 하늘은 청명하고, 거리에는 정겨움이 넘쳐흐르며, 누구도 귀찮게 굴지 않았다. 그 때문에만 그가 행복하게 보였던 것일까? 분홍빛 포도주는 아무런 역할도 하지 못한 것일까? 아니면 반대로 분홍빛 포도주가 중대한 역할을 하며 그날 아침의 특별한 다른 요인들과 겹쳐졌기 때문일까? 테이블에 놓인 투명한 잔은 햇살을 받아들이며 경쾌한 세상과 조화를 이룬다. 그 때문에 우리가 세상의 질서에서 어떤 역할을 맡고 있든 그 역할을 어떻게 바꿀까, 고민하지 않고 포도주잔을 물끄러미 바라볼 수 있는 듯하다.

술집 카운터에서 마시는 적은 양의 백포도주. 백포도주가 커피처럼 우리를 흥분시키기도 하지만, 우리가 도시의 삶에 뛰어들어 부산스러운 혼란에 맞서기 전에 그 자극제가 필요하기 때문이기도 하다. 원칙적으로 사람들은 카운터에서 백포도주를 마신다. 상대적으로 빨리 잔이 채워지고 값도 저렴하기 때문이다. 손님들은 나란히 서서 편하게 이야기를 나누며 일종의 재능을 서로 맞추어간다. 이렇게 카운터에서는 가볍고 재미있는 말들이 오간다. 그러나 테이블에 앉은 손님들은 먼저 앞으로 나서지 않는다. 재미있는 이야기, 특히 완벽한 대도시 사람에게 기대하는 '정말로 재미있는 이야기'를 만들어내지 않는다. 그들은 엉거주춤하게 앉아 몸을 꿈적거리며 눈동자를 불안하게 굴리고, 사람들이 들락거리는 소리에 귀를 기울이며 술집의 분위기를 살핀다. 어떤 의미에서 그들은 술집 주인이나 웨이터들과 마찬가지로 관습의 반대편에 속한 사람들이다. 간혹 오랫동안 버티고 앉아 눌어붙는 손님이 있다. 백포도주가 기대하던 효과를 발휘하지 못했거나, 어디에도 그를 기다리는 사람이 없을 가능성이 크다. 아니면 지독한 걱정거리에 짓눌린 손님일 수도 있다. 빈자리가 나기를 기다리는 사람들을 무시한 채 그는 계산대의 한곳을 바라보며 몽상에 잠긴다. 구석진 곳에 자리 잡고 앉아 자신이 편한 대로 축 늘어지기도 한다. 술집 주인이 허락해야겠지만.

사람들은 피크닉을 가서도 포도주병은 서늘한 곳에 보관했다. 그런 구석을 어떤 기준에서 선택했을까? 조용하고 한적하게 보이는 곳이어서? 아니면 경치도 좋고 그늘이 드리워진 곳이어서? 흐르는 물이 포도주병을 담가두기에 적당했기 때문이 아니었을까? 장비를 잘 갖춘 사람들은 이런 목적을 위해서 실용적이면서도 확실한 아이스박스를 이용한다. 하지만 급류가 눈에 띄면 그들도 여전히 급류에 포도주병을 담근다(포도주가 아이스팩에서 흘러나온 물과 부자연스럽게 접촉하는 것보다 급류가 더 낫기 때문이다). 여기에서 피크닉 장소의 기초적인 윤곽이 그런대로 그려진다. 저쪽에는 자동차가 세워져 있고, 이쪽에는 탁자나 담요가 펼쳐져 있다. 거기에서 조금 떨어진 곳에는 포도주병들이 있다. 거기에다 친구들이 둥그렇게 둘러앉음으로써 마법의 삼각형이 완성된다. 신중하자면 포도주병이 시원해질 때까지 기다려야겠지만, 기다리는 게 어디 쉬운 일인가? 신호가 떨어지기 무섭게 아이들은 공을 내팽개치고, 부모에게 보물을 가져다주기 위해서 황급히 달려간다. 간혹 포도주병을 바다에 담가두는 사람들도 있다. 시원한 곳에 포도주병을 두겠다는 똑같은 전략에서 비롯된 행동이지만, 포도주와 짠 바닷물의 결합이 나에게는 불안하게만 보인다.

나는 포도밭을 볼 때마다 한때 화려한 호텔과 별장으로 영광의 시대를 누렸지만, 지금은 가난해진 남프랑스의 어떤 지방을 떠올린다. 당시에도 시골 사람들은 별다른 영광을 누리지 못하고 살아갔다. 시골은 면사무소와 학교, 중앙광장, 의복, 벤치에 앉아 시간을 보내는 노인들, 창문에 덧씌워진 방충망, 대부분이 아담한 크기인 집 뒤편의 작은 마당까지 모든 것이 소박하고 사치스럽지 않은 모습이었다. 또 몇몇 수다스러운 여자를 제외하면 그곳 사람들은 말수까지 적었다. 포도밭은 황금빛 밀밭처럼 화려하지도 않았고, 로트에가론의 과수원처럼 아름답거나 포근하지도 않았다. 알프스산맥처럼 당당하지도 않았고, 지중해변처럼 온화한 멋도 없었다. 그러나 포도밭은 그 지역 사람들의 어린 시절, 그들이 살아가는 방식과 일치했다. 포도송이보다 그들의 포도주에서 포도나무의 투박함과 옹이, 때로는 비장함이 읽혔다. 시간이 지나면서, 포도나무의 목질 부분들은 원가지를 중심으로 뒤틀리고 압축되며 뒤엉킨다. 포도밭을 잘못 관리한 데 대한 분노를 터뜨리는 듯한 모습이다. 어떻게든 살아남겠다는 의지의 표현이기도 했지만, 포도나무가 자신의 작품으로 생산해낸 것을 근거로 포도나무를 무시해도 상관없는 것인 양 대하려는 사람들의 생각에 격렬한 분노를 표시하는 것이기도 했다.

나는 소박하게 살아가는 사람들의 가난이 마음에 들지 않았다. 하지만 가난해도 남달랐던 자존심은 높이 평가하고 싶다.

나는 포도밭을 보면 지중해가 머릿속에 떠오른다. 덧없다는 이유도 있겠지만, 헐벗고 때로는 위험한 지중해의 풍경처럼 포도주에서도 똑같은 소박함이 느껴지기 때문이다. 포도주는 결코 우리에게 사치품이나 특권으로 여겨지지 않는다. 복잡하게 공들여 만든 방법이나 절차와 달리, 밀과 우정과 모성처럼 원초적인 것으로 여겨진다. 한 남자가 바지와 셔츠만을 입은 채 한 손에 포도주잔을 들고 멍한 눈빛으로 앉아 있다. 두 손이 꺼칠꺼칠하다(값비싼 과일을 덥석 쥐거나 굴을 꿀꺽 삼키려고 하는 고위 성직자의, 도톰하다 못해 흉할 정도로 살찐 탐욕스럽고 곱게 다듬은 손가락이 아니다). 그는 포도주를 한 모금 마셨다. 뭔가를 말하려는 듯했지만, 곧 입을 다물어버린다. 그는 주변 사람들과 주변 환경과 화목한 관계에 있다는 걸 느끼는 것만으로 만족한다.

따라서 나는 포도밭을 보면 태양과 돌과 건조한 기후가 떠오른다. 물론 가뭄도 빼놓을 수 없다. 포도주를 마시면 때때로 목구멍이 불타는 것처럼 화끈거린다. 목구멍 너머까지 화끈거리는 데다 따가운 햇살까지 더해지면서 젊은이들은 그늘의 너그러움을 잊어버렸다. 그들의 얼굴은 처음에는 잉걸불처럼 저물어가는 햇살에, 다음에는 자신들이 들이켠 포도주라는 불덩이로 인해 벌겋게 달아오른다. 겉보기에도 시원하게 보이는 탓에 목구멍에 밀어 넣은 분홍빛 포도주 때문에 그들의 몸은 불꽃처럼 활활 타오른다. 그들은 온몸이 타는 듯한 더위를 느끼고, 그 살아있는 장작 전체를 짓누르는 듯한 고통을 기분 좋게 견딘다. 그렇게 온몸이 다갈색으로 변해서 잠을 잔다는 건 거의 불가능에 가까워 새벽까지 그렇게 견딘다.

지하 포도주 저장고를 정돈한다는 것은, 미래에 대한 믿음을 행동에 옮기는 것이다. 포도주가 숙성되기 위해서는 시간이 필요하고, 뜻하지 않은 사고나 운명의 날로 인해 그 시간이 우리에게 부족하지 않기를 바라야 한다. 포도주는 영성체를 위해, 자식의 결혼식을 위해 쓰려고 준비해두지만, 과연 자식이 결혼할까? 만약 결혼하더라도 자식이 가족의 행사로 결혼식을 축하해주려는 걸 허락할까? 친구들과 함께 식사할 때 쓰려고 준비해둔 포도주병들에는 근친의 죽음, 행복, 이별과 화해 등으로 점철된 가족적인 냄새, 즉 엄숙한 면이 없다. 포도주병을 꺼내려고 지하 저장고에 내려갈 때 가장(家長)은 지하 술 창고 담당자이기도 한 까닭에, 자신이 그 술병을 그곳에 놓았던 머나먼 그때를 떠올리며 술병을 조심스레 집어 든다. 도매상에서 오래전에 샀던 포도주가 우리에게서 아무런 도움도 받지 않고 혼자 익어갔지만, 우리는 그 포도주의 과거에 대해 조금도 모르면서 한창때를 맞은 포도주를 감별하는 무례를 범한다.

오렌지 포도주, 복숭아 포도주, 호두 포도주는 한결같이 부드러운 맛이어서 술을 못 마시는 여자들도 어렵지 않게 마시고, 어린아이들에게도 조금씩 맛보는 게 허락된다. 과일 향이 포도주에 스며들어 포도주가 혼성주로 변하기 위해서는 시간이 필요하다. 나는 다른 시대의 가구들로 채워진, 나지막한 목소리들이 들리는 아파트나 작은 빌라, 소박한 주택을 상상해본다. 그곳에서 나른한 오후를 맞은 사람들이 오래된 잔들에 이런 혼성 포도주를 채운다. 밖에서는 뜨거운 햇살이 대지를 짓누른다. 사람들은 점점 무기력해진다. 호사가 시작되며 가난한 사람들도 호사를 누린다. 꽃무늬로 뒤덮인 보잘것없는 태피스트리가 걸린 그 방에서, 그런 잠깐의 휴식은 폭염에 대한 반항의 선언이었다. 지방에서 여름날 오후의 나른함을 이보다 더 우아하게 받아들이는 방법을 내 머리로는 생각해낼 수 없다.

　시의 역할이 존재의 일부를 우리에게 드러내는 것이고, 시가 때로는 인간과 장소와 계절의 미묘하고 은밀하며 감동적인 일치에서 잉태된다면, 일상에서 포도주를 마시는 풍습 자체가 시적인 행위라는 걸 인정할 수밖에 없을 것이다.

모데라토
칸타빌레

절제는 하찮고 기만적인 미덕일까? 숭고한 경지에 이르기 위해서, 다른 가치와 다른 세상을 만들어내기 위해서는 과도할 정도로 일해야 하는 것일까? 미켈란젤로, 나폴레옹, 헤겔, 한스 아르퉁*(독일 태생의 프랑스 화가-옮긴이)은 어중간하게 일하지 않았다. 절제는 미지근하고 상상력이 부족하며, 위험을 두려워하는 태도일까? 절제는 중용(中庸)과는 다른 것이다. 절제는 평범하고 변변하지 못한 상태라는 구렁텅이를 걷는 것이 아니다. 반대로 극단을 피하기 위해서는 고분고분하지 않은 말의 고삐를 꽉 잡고 능선을 따라 나아가야 한다. 또 절제는 개인에게만 관련된 사사로운 미덕일까? 뒤에서 보겠지만, 절제는 정치라는 거대한 영역과도 관계가 있다.

우리가 처한 조건 때문에 극단에 치우치는 경향을 띤다면, 게다가 그런 극단이 사람들 사이에 갈등을 낳을 뿐 아니라 우리에게 운명마저 비켜 가게 한다면, 절제는 중요한 미덕일 것이다. 재산과 능력과 가치는 우리 모두를 불안하게 만든다. 먼저 재산이 우리의 평온을 깨뜨리는 이유는 소유가 우리에게 궁핍을 면하게 해주고, 재산은 우리 정체성을 부풀리기 때문이다. 그러나 재물이 우리를 대신한다면 우리는 스스로 존재할 수 없게 된다. 게다가 우리는 주로 같은 인간을 착취함으로써 재산을 불리게 마련이다.

왜 능력이 우리의 평온을 깨뜨린다는 것일까? 인간은 '나는 할 수 있다'라고 생각하는 존재이며, 감각·운동 능력이나 지적 능력의 집합체다. 내가 세상을 지배하면 세상은 더는 나에게 낯설지도 않고 악의적이지도 않다. 하지만 우리의 자유는 다른 사람의 자유와 충돌하게 마련이다. 따라서 우리의 선택이 복종시키느냐 굴복하느냐로 제한된다고 생각한다. 누군가를 구속해야 우리 자신이 능력 있는 사람이라고 믿게 된다.

그럼 가치는 왜? 우리가 타인에 대해 누리는 혜택이 우리의 성공과 우수성을 입증해주는 증거다. 그로 말미암아 상대를 유혹하고 타락시키며, 우리를 인정하게 하려는 시도들이 시작된다. 또 상대가 우리에 대해 갖는 이미지와 우리 본래의 모습이 같을 거라고 착각하는 혼동도 여기에서 비롯된다.

이런 분석을 통해 저항하기 어려운 연쇄효과가 존재한다는 게 드러난다. 우리는 항상 더 많이 소유하고, 더 많은 가치와 더 높은 가치를 갖고 싶어 한다. 이런 현상은 우리가 처한 조건에서 피할 수 없는 허약한 정서에서 비롯된다. 우리를 이런 광기와 야만적 행위에서 벗어나게 할 수 있는 유일한 수단은 절제다. 절제는 파토스, 즉 일시적인 격정을 억누르려는 단호하고 세심한 태도이기 때문이다. 인간은 합리적인 야망을 품을 때도 걸핏하면 자신을 공격하는 못된 악령을 쫓아내야 한다. 재산과 능력과 가치를 추구하는 행위보다 더 고귀한 태도가 존재하는 것은 사실이다. 만약 내가 내 가치에 대해 확신한다면 나를 사회적으로 구분해주는 징후들을 축적하려고 애쓰지 않을 것이다. 나 자신을 전반적으로 자유롭고 한결같은 존재라고 생각한다면 굳이 타인을 지배하고 통제하려 애쓰지 않을 것이다. 또 성공의 증거를 대수롭지 않게 생각하는 성스러운 태도와 자기 자신을 자유롭고 독립적인 존재로 의식하는 만큼 타인과 동등한 입장에서 대화하기 위해서 타인의 자유를 존중하는 너그러움도 필요할 것이다. 하지만 우리의 일상적 상황은 타협의 연속, 승패를 결정해야 하는 전쟁, 일단 부여된 후에 거부되는 자유로 수놓인다.

절제라는 미덕을 고려할 수밖에 없는 또 다른 이유가 있다. 광기에 가까운 경제나 테크놀로지와 관계있는 이유다. 과거에 우리는 테크놀로지를 본질적으로 중립적인 것으로 이해하면서, 우리가 테크놀로지를 어떻게 사용하느냐에 따라 결과가 달라진다고 생각했다. 환경재앙, 시장의 규제 완화, 이익을 기준으로 한 인간과 서비스의 평가 등으로 확인되었듯이, 이런 분석이 확실한 자율권과 고유한 논리력을 지녀서 어떤 유형의 문화와 개인과 교환을 잉태한다면 충분한 근거가 있다고 말할 수 있지 않을까?

이런 위험을 고려할 때, 절제는 소극적으로 행동하거나 엄격한 삶을 권장하는 태도가 아니라 인류를 위협하는 극단적인 행동을 견제하고 극복하기 위한 수단이 된다. 모든 바람이 정책으로 제도화될 수는 없는 노릇이다. 정책이 효과를 발휘하기 위해서는 사회적인 세력, 정당, 야심 찬 프로그램에 의지해야 한다. 흥분해서 폭주하는 기계를 규제하고, 그렇게 함으로써 개인의 이익을 견제할 필요가 있기 때문이다. 정치인과 시민은 이런 방향성을 갖고 행동해야만 한다.

나는 절제라는 미덕을 '적은 것으로 살아가는 기술'로 설명해보려 한다. 이 기술의 목적은 적은 것만을 사용하는 데 만족하도록 유도하고, 더 많은 것을 요구하지 않도록 우리를 억누르려는 것이 아니다. 따라서 나는 적은 것만을 사용하면서도 어떻게 창의력을 발휘할 수 있는지 보여주고 싶다. 또 나이가 들면 우리는 힘든 일이라도 자진해서 할 필요가 있다.

적은 것으로 살아가는 기술은 결단코 대수롭지 않은 능력이 아니다. 이 기술에는 창의적인 발상이 필요하다. 실패나 실수가 우리에게 당연히 주어진 권리는 아니다. 계획과 수단은 우리 개개인보다 먼저 존재하는 것이므로, 우리는 주어진 것에 만족해야 한다. 따라서 적은 것으로 살아가는 기술은 살아가는 방법, 즉 지혜를 뜻한다. 근거 없이 비난하지 않고, 불가능한 것을 요구하지 않고, 상황이 우리에게 제공한 것을 적극적으로 이용하며, 사회적 계급의 위쪽에 있는 사람들을 미워하지 않고, 자신의 취향과 처지에 따라 행동하며 그런 삶을 살았다는 자부심을 느껴보자는 것이다.

나는 '노동자의 정원'이라 일컬어지는 상당수의 채마밭을 둘러보았고, 그런 채마밭을 열렬히 사랑하는 사람들과도 이야기를 나누었다. 그들이 내 마음에 들었고, 노동자의 정원이란 것이 의심스럽기도 했기 때문이다. 여하튼 우리가 서로를 이해하는 데는 긴말이 필요 없었다. 정치인들과 사회학자들은 노동자의 정원에서 지배계급의 전략을 읽어냈다. 예컨대 노동자들이 채마밭의 채소와 가축에 신경 쓰게 한다면, 그 때문에 그들의 권리를 요구하고 투쟁하는 걸 잊어버릴 거라는 해석이었다. 또 채마밭 내에서 노동자들은 자신들을 하나로 이어주던 협정을 깨뜨릴 것이고, 그런 건전한 일거리가 있으면 노동자들이 다음 날 아침 기운을 회복해서 더 열심히 일할 수 있을 것이란 해석도 덧붙여졌다. 게다가 채마밭은 사장이 지불하지 않아도 되는 과외 수입을 노동자에게 보장해주지 않는가.

나는 이런 분석에 대한 내 생각을 피력하고 싶지는 않다. 처음에 나는 그 작은 땅에서 내가 높이 평가할 만한 행복의 징조를 찾아냈다고 생각했다. 행복의 근원은 안락함이나 성공이 아니라 작은 즐거움을 맛보고 그런 즐거움에 만족하며 그런 즐거움을 만들어내는 능력이기 때문이다. 채마밭이 주는 행복은 다른 사람들에게서 빼앗은 행복이 아니다. 그 행복은 친구들이나 사촌들과 함께 나누어야 했지만, 나는 그 노동자들이 함께 즐거워해야 할 미덕을 채마밭의 동료하고만 누렸던 것은 아닌지 의심스럽다. 또 그들이 채마밭에 늦게 나타나고는 동료에게 용서를 빌고, 동료가 적극적으로 협력하지 않으면, 그 때문에 동료에게 잔소리해대는 모습을 어렵지 않게 상상할 수 있다.

그 하찮은 채마밭에 이처럼 관심을 가질 필요가 있을까? 그 변변찮은 땅뙈기를 그냥 가만히 내버려 두는 편이 낫지 않을까? 나는 노동자들이 악착같이 살아가고 살아남으려고 발버둥 치며, 불안정한 삶의 조건과 질병, 그 후에는 노화와 죽음에 맞서 싸우는 모습을 지켜보았다. 지금도 그들은 허리를 굽히고 채소를 가꾸지만 내게는 오히려 꼿꼿하게 서서 살아가고 있다는 인상을 준다. 그들이 자신들의 운명에 과감히 맞서 싸우고 있기 때문이다. 그르노블에서, 또 파리에서는 신축 건물들이 그들의 채마밭을 포위해오고 있다. 그들은 교외로 밀려오는 개발의 물결에 저항한다. 질 것을 뻔히 알면서도 저항하는 싸움이기에 영웅적인 행위가 돋보이고, 명예를 위한 전쟁이기에 위대함마저 읽힌다.

수년 전부터 나는 내 방식대로 적은 것으로 살아가는 기술을 실천하고 있다. 나는 소극적인 생각을 행동으로 실천하려 애쓴다. 과거보다 덜 걷지만, 더 면밀하게 관찰한다. 움직이지 않는 대신 사색에 열중한다. 이제는 두 다리보다 두 눈을 열심히 놀리는 편인 셈이다. 나는 부족한 부분을 강점으로 바꿀 수 있기를 바란다. 더는 분주하게 움직이지 않으면서도 특권을 누리는 구경꾼이 되고 싶은 것이다.

나이가 든 후에도 많은 사람이 더 분주하게 살아간다. 그들은 구경해야 할 것도 많고, 맛보아야 요리도 많으며, 관광해야 할 지역도 많고, 친하게 지내야 할 사람도 많다고 생각한다. 이런 공복감을 어떻게 설명해야 할까? 사회 활동을 할 때 디저트와 오늘의 요리에는 눈길조차 줄 수 없었던 사람도 이렇게 변한다. 휴가는 옹색하기 그지없어, 그들이 다시 일터로 나가기 전에 원기를 회복하는 기간에 불과했다. 따라서 그들은 노년에 이르러서야 자신들의 열정을 되찾고 싶어 한다. 죽음이 임박했다는 생각에 그들은 더는 지체하지 않는다.

이런 곡절로 대학생들도 시험을 코앞에 두고서야 시간이 없다는 생각에 공부에 열중하지 않는가. 나에게는 그런 열의도 없는 데다 모든 것을 집적대는 게 불가능하기도 하고, 더구나 나는 어디에서나 행복을 찾을 수 있어서 그들과 같이 서두르지도 않고 욕심을 부리지도 않는다. 나는 행복의 본질이 무엇인지 모르지만, 무엇이 나를 행복에서 떼어 놓는지는 알고 있다. 쓸데없는 수다와 너그럽지 못한 행동, 근본에서 '헛된 것'들이 그것이다.

나는 본질적인 것에는 정확한 답이 없다고 생각한다. 나는 누구인가? 나는 누구였던가? 어떤 환경에서 동료들에게 잘못을 저질렀던가? 또 본질적인 것은 내가 명확히 규정할 수 없는 것이기도 하다. 내 눈에 내 존재는 엄청나게 거대하고 모호하게 보인다. 내가 머무는 곳도 광대하기 그지없다. 방과 복도가 끝없이 연속되는 이 공간에서 내 발걸음을 어떻게 끌어갈 수 있을까? 나는 비틀거리며 금세라도 주저앉을 것 같다. 문을 조심스레 열고, 역시 조심스레 문을 닫는다. 침대 밑을 살펴보고, 벽장 속도 들여다본다. 환기창도 의심하며, 거기에 빨려 들어가지 않도록 조심한다. 내 손에 쥔 횃불은 내가 약한 존재라는 증거다. 내일 다시 돌아오면 방향을 더 잘 파악할 수 있을 것이다. 그러나 내일도 오늘처럼 이곳의 문이 열려있을까? 나는 이런 탐험을 끝내고 돌아와서는 친구들에게 걱정을 끼치지 않으려고 옷에서 먼지를 털어낸다.

나에게는 사색을 위한 침묵이 필요하다. 내 주변에서 일어나는 일들에 무관심하게 보인다고 해서 부끄럽지는 않다. 몇몇 부모는 자신들의 질문에 대답하지 않는다고 나를 질책한다. 그들이 내가 관련된 질문을 하지 않기 때문에 나는 대답하지 않는다. 물론 다른 이유로도 나는 대답하지 않는다. 나는 내 아파트에서 좀처럼 나가지 않는다. 이처럼 내가 집에 틀어박혀 꼼짝하지 않는 이유를, 그들은 내가 피곤하거나 호기심이 없기 때문일 거라고 지레짐작한다. 그들은 나를 아파트에서 끌어내려고 눈물겨운 방법을 동원한다. 버스를 대기시켜 놓곤, 그들은 내게 버스가 편하다고 자랑한다. 맛있는 요리가 점심 식사로 준비되어 있다고도 말한다. 나는 그들을 버스까지만 조용히 배웅한다.

그들은 내가 어린 시절까지 되돌아가는 또 다른 여행을 할 거라고는 생각조차 하지 못한다. 내 과거는 아직도 구체적인 형태를 띠지 못했다. 내게는 어린 시절을 쭉 되돌아보고 다채로운 색깔로 살아보며 끝내야 할 책임이 남아 있다. 그렇게 사정을 파악한 후에 나는 어린 시절을 아름답게 꾸미기도 한다. 수확기를 맞은 밭은 더욱 황금색을 띠고, 초등학교 여선생님은 실제보다 더 생글거리며, 대장간의 모루 소리는 훨씬 더 힘차게 울려 퍼진다. 나는 내 방문을 저주한다. 무언가로 방해를 받으면, 그 푸르른 시절로 되돌아가는 게 쉽지 않기 때문이다. 가족까지 주의력을 흐트러트리지 않도록 조심해줘야 작가들이 제 할 일을 할 수 있다.

"조심해! 아빠가 글을 쓰고 있으니까."

나의 경우에, 우리 가족은 귀찮은 방문객이 찾아오면 입술을 내밀며 "쉿!" 하고는 "조용히 하세요. 아빠가 지금 꿈을 꾸고 계시니까요"라고 말하지 않을까 싶다.

리듬의

교체

( 막간의

시간 )

작가에게는 과거에 자신 있게 주장하던 것을 거의 의무적으로 의심해야 할 순간이 닥친다. 나에게 이런 때가 닥친다면 나는 나 자신과 토론을 벌일 것이다. 그렇다고 내 논거를 쉬지 않고 나열하지는 않을 것이다. 하기야 내가 그렇게 해본 적이 있겠는가? 결국, 나는 상대에게 발언권을 양보하겠지만, 또다시 되찾고는 다시 상대에게 발언권을 넘길 것이다. 밀고 당기는 이 과정에서 내가 방향을 잃지 않기를 바랄 뿐이다.

나는 친구 앙리 르루에게 도움을 청했다. 그의 역할은 못살게 구는 것이었다. 그는 그 역할을 훌륭하게 해냈고, 내가 곤란한 입장에 빠지면 내게 구원의 손길을 내밀었다.

느림과 우아함을 관련시키는 게 타당한 것일까? 느릿한 움직임에는 빠른 속도로 행해지는 움직임에는 없는 미덕이 있다. 부산스러운 몸짓, 헐떡이며 끊어지는 듯한 목소리가 우아하다고 여겨지는 경우는 거의 없다. 잠든 사람을 바라보는 우리 눈길은 대체로 느릿하다. 그러나 느릿한 움직임은 더 빠른 속도로 진행되는 움직임이 있는 까닭에 두드러져 보인다. 따라서 느릿한 움직임이 상투적인 방법이 된다면 피곤하게 느껴진다. 휴식 중인 몸이 우리 마음을 사로잡는 이유가 무엇이겠는가? 포기를 뜻하고, 꾸민 것이든 사실이든 간에 순진함을 드러내기 때문이다. 우리가 우아함에 매료되는 이유는 우아함에는 필연성과 자유가 결합해 있기 때문이다. 행해진 움직임이 다른 움직임일 수도 없고 다른 움직임이어도 안 되기 때문에 필연성이 전제되고, 행해진 움직임이 어떤 제약하에서는 그 제약에 따른 영향으로 그렇게 행해질 수 없었기 때문에 자유가 전제되어야 한다. 일어날 법하지 않은 사건도 실제로 일어나면, 불확실하고 우연적인 면이 사라진다. 우리는 몸짓들의 연결 관계, 살아있는 존재와 주변 환경의 조화, 또 배우와 배경음악의 조화에도 주의를 기울인다. 느림과 빠름은 본질적인 요소가 아니라 각 요소가 원인과 결과, 부분과 전체가 되는 집합체에 대한 전반적인 느낌이다.

느림 자체는 하나의 미덕일까, 아닐까? 우리는 느림을 다양하게 평가한다. 근심스러운 무력감이라 평가하는 사람도 있고, 단순히 무력감이나 의지 결핍이라 평가하는 사람도 있다. 하여간 그 정도다. 어떤 사람이 상당히 힘들게 움직인다면, 세상에서 자극을 받지 못하기 때문일 수도 있고, 자극에서 행동까지의 과정이 악조건 속에 있기 때문일 수도 있다. 무력증은 병적인 현상이지만, 느림으로 발전한다. 그럼 느림도 그 과정이 불완전하게 이루어진다는 징조가 아닐까? 누구나 인정하겠지만, 인간은 느리다. 그러나 발랄하게 활기를 띠며 민첩하게 움직이는 게 당연하게 여겨지는 세상에서 느린 사람은 어떻게 설명되어야 할까?

나태함(이것도 느림의 한 형태일까?)의 원인은 어떻게 변호할 수 있을까? 나태함은 일종의 전략, 즉 시간이 지나면 해결되리라 생각하며, 불만을 사지 않기 위해 아예 행동하지 않겠다는 타산적인 계산에서 비롯되는 것일 수 있다. 하지만 저절로 해결되는 문제는 없다. 나태하면 결국 마비 상태에 빠져 아무것도 하지 못한다. 하지만 느린 사람은 원하면 언제든지 앞으로 나아갈 수 있다.

무관심을 너그럽게 받아들이는 사람이 의외로 많다. 무관심은 안일함의 한 징조이고, 사회와 삶이 우리를 진정으로 받아들이기 전에 우리에게 요구하는 것에 대한 부적절한 인식의 결과일 수 있다. 그러나 화급함, 또 사자의 지배력에 버금가는 지배력에 대한 경멸의 형태일 수도 있다. 이런 유형의 사람들에게서는 오랫동안 축적된 신중함이 읽힌다. 조용하지만 엄청난 공격력을 띨 수 있는 힘을 지닌 존재라는 인상을 안겨주는 사람들이다.

침착한 사람들은 상당히 좋은 평가를 받는다. 그들은 앵글로색슨계 문화의 장점을 보존하고 있는 듯하다. 어쩌면 자제력을 혼자 힘으로 배웠을 수도 있다. 중대한 사건에 직면해서도 그들은 냉정함을 잃지 않는다. 그들은 우리에게 신경이 날카로워진 상태를 보이지 않는다.

우리는 스트레스를 받지 말고 차분하게 보이라는 충고를 곧잘 받는다. 이런 사회적 명제는 우리가 느림에 부여하는 기본적인 존재 방식이 아니다. 이 충고는 긴장을 완화해야 할 상황에나 어울리며 사회성과 공생을 순조롭게 촉진하고, 즐거움을 추구하는 경우에나 필요하다. 따라서 이 충고에 따르는 삶은 하나의 방법이고 수단이지, 우리 자신이나 세상의 진실을 탐구하는 삶은 아니다.

느림은 우리가 소중하게 생각하는 가치와 반드시 관련이 있어야 하는 것일까? 느림은 변화에 대한 열정과 어떤 관계가 있을까? 느림을 통해서 우리는 존재와 풍경과 사건을 시험하고, 시간이 지남에 따라 그것들이 어떻게 변하는지 지켜볼 수 있다. 여기에는 그것들을 평가하려는 욕망도 있겠지만, 그것들이 변하는 과정을 추적하려는 욕망이 더 크다. 예컨대 밤이 연못의 어둑한 물과 뒤섞일 때 밤은 어떻게 변하고, 그 과정을 관찰하는 사람의 얼굴에 조금씩 드러나는 표정은 어떻게 변하는가. 현대성은 이런 변화에 주의를 기울이지 않는다. 현대성은 어떤 것도 오래 지속되도록 만들어지지 않는다고 말한다. 수많은 사건과 사물이 있지만, 일회용에 불과하다. 상대적으로 가치 있는 것도 우리는 사라지게 내버려 두거나 인위적인 힘을 가해서 사라지게 한다. 그것들의 운명은 단명과 관련된다.

그것들이 무대 앞을 오랫동안 차지하려고 버틴다면 바람직하지 않게 보인다. 영원히 존재하며 미래를 향해 조금씩 변해 가는 존재보다 아무런 유사성도 없이 잇달아 나타나는 변종들, 결국 순간적으로 존재하는 것이 더 낫다는 것이다.

'느림과 기억'. '현재'는 순식간에 흘러가며, 조금 전까지 앞에 있던 순간들을 금세 뒤에서 끌고 간다. 이처럼 과거의 순간들은 하나의 똑같은 궤적에 간직되기 때문에 떨어져 나가거나 망각에 빠져들 위험이 없다. 기간이 길게 이어지면 과거는 혼란스러운 머나먼 일, 오래전의 역사가 되어 흐릿해지며, 우리는 더는 그 역사에 관심을 기울이지 않는다. 우리는 과거의 역사를 의식하며, 잊지 않으려고 애쓰는 것으로 충분하다. 이런 노력이 있어야 과거를 회상하는 능력이 증강된다. 따라서 기억에는 두 종류가 있다. 하나는 흔하지만 희미한 기억이고, 다른 하나는 상대적으로 드물지만, 더 강렬한 기억이다.

'느림과 독창성'. 영감을 받은 사람은 최적의 기간 내에 최적의 해결책을 생각해낸다. 그는 빈둥거리면서 시간을 보내지 않으며, 꾸준히 창조적인 행동을 해낸다. 다른 사람들은 그런 영감의 혜택을 누리지 못한다. 그런 사람들이 어떤 문제에 신속하게 대답한다면, 그것은 경험으로 습득한 지식 덕분이다. 새로운 방향을 창안해내고, 자신을 바꿔가기 위해서는 시간이 필요하기 때문이다. 빠름은 자신이 반복되고 있다는 걸 모른다. 그러나 느림은 그런 사실을 알기 때문에 당혹스러워하고, 자신이 찾아냈다고 생각하는 것에 대해서 신중한 모습을 보인다.

'느림과 작품'. 좀 더 열심히 일했다면 벌써 끝냈을 일을 여전히 질질 끌고 있는 사람을 보면 안타까울 따름이다. 어떤 물건을 수리하는 데 걸리는 시간에 비례해서 청구서의 액수도 높아진다고 생각해보라. 하지만 우리는 느릿하게 만들어지는 물건이 더 좋다고 생각하는 경향을 띤다. 따라서 제작하는 데 필요한 시간을 정확히 계산해낼 수 있는 생산품의 영역과 밑그림부터 시작해서 작업 자체의 어려움과 수정까지 거친 끝에 탄생하는 작품의 영역을 구분한다. 그런데 이런 구분이 지금도 의미가 있을까? 요즘에 미학적인 물건이라는 새로운 종류가 탄생했다. 이 물건들은 무한히 재생산될 수 있을 뿐 아니라, 세상에 모습을 드러내는 데 필요한 역경과 곤경이 완성품에서 읽히지 않는다. 사이버네틱스 전문가가 장인(匠人)의 자리를 조금씩 대체해가고 있다.

곧잘 지루한 훈계로 나타나는 선의로는 충분하지 않다. 우리는 우리가 지금 사는 시대의 조건들을 고려해야 한다. 그런데 지금 우리 시대는 끊임없이 변하고, 그것이 우리 시대의 특징이다. 이런 변화들은 우리에게 대단한 적응능력을 요구한다. 따라서 우리는 신속히 행동하지 않을 수 없다. 개인이든 국가든 느리면 살아남지 못하거나 아무도 원하지 않는 소외된 존재로 전락한다. 민첩하게 움직여야 승리한다. 느림은 전통적인 사회, 경직된 사회에서나 이해될 수 있는 태도다.

예컨대 내가 스포츠를 위해서, 정확히 럭비를 위해서 경제를 등한시한다고 해보자. 럭비의 주된 미덕은 힘과 용기 및 탄력성이다. 요즘은 민첩성이 강조되기 때문인지 이런 미덕들이 약화하고 있다. 행동에서, 예측에서도 민첩성이 요구되고, 관찰에서는 더 빠른 민첩성이 요구된다. 이런 장점을 갖지 못하면 어떤 팀도 승리할 수 없고, 어떤 의미에서 기술적인 이유로 우리는 그렇게 생각한다. 이른바 약속의 땅까지 전진하기 위해서는 조직화한 상대 팀의 균형을 깨뜨려야 한다. 치밀한 계획을 세우고, 상대가 대응할 틈을 주지 않아야 그렇게 해낼 수 있다. 상대에게 다시 전열을 정비하기에 충분한 여유를 주면 그들의 강력한 방어막을 뚫지 못한다. 이 예가 힘을 바탕으로 한 강력한 충돌보다 머릿속 생각을 실행에 옮기는 민첩성을 더 중요하게 여기는 운동 경기를 바탕으로 했다는 점에서 나에게는 더욱 의미 있게 다가오는 듯하다.

더 정확히 말하면, 속도보다 박자와 유연성 및 다른 선수들과의 조화 관계가 더 중요하다는 뜻이다. 달리 말하면, 그리스 사람들이 찬양했던 '카이로스(적절한 순간)'가 더 중요하다. 이는 직관적인 요소지만, 훈련을 통해 더 갈고닦을 수 있는 능력이다. 훈련은 경기의 의도를 바람직한 방향으로 구체화할 수 있지만, 그 자체로 충분하지는 않다.

다시 생산의 세계로 돌아가 보자. 작업 속도를 높이고, 상품을 신속하게 생산하는 것이 유리하고 바람직하다는 주장은 결단코 확신을 심어주지는 못한다. 오히려 분석가들은 그 과정에서 새로운 형태의 착각과 소외가 발생할 거라고 우려한다. 어쨌든 경제 영역과 사회적 삶의 영역은 구분하는 것이 낫다. 달리 말하면, 개인의 삶에서는 반드시 효율성을 강조하거나 어떤 대가를 치르더라도 경쟁력을 갖춰야 할 필요가 없기 때문이다. 게다가 빠름은 운명을 헤쳐나가는 많은 방법의 하나일 뿐이다. 나는 움켜잡기보다 쓰다듬는 걸 더 좋아하고, 목표 지점을 향해 곧장 가는 것보다 기분이 좋도록 이리저리 들러가는 걸 더 좋아한다. 어떤 얼굴, 어떤 존재를 내 것으로 소유하기 전에 그 앞에서 잠시 머뭇대며 시간을 보내고, 모든 것을 아는 척하기보다는 약간은 모자란 사람처럼 보이는 걸 좋아한다.

내 말솜씨가 서툴기도 하지만, 기민함을 거론하면 나의 느림 예찬에 유리할 것이 없다는 생각에 나는 기민성에 대해 말하는 걸 늦추었다. 기민성은 머리 회전이 빠르다는 것만 의미하지는 않는다. 대신 더 중요한 것이 있다. 기민한 사람을 보면 항상 명랑하게 지내기로 맹세하고, 우리를 즐겁게 해주는 사람이란 생각이 든다는 것이다. 기민한 사람은 우리까지 임기응변의 소용돌이에 끌고 들어가며, 우리를 금지되고 어리둥절한 곳에 내버려 두지 않는 한 우리를 더 똑똑한 사람으로 보이게 만들기도 한다. 기민함에는 아름다움까지 있다. 날렵한 형태, 우아한 움직임이 곁들여지는 아름다움이다. 활기찬 웨이트리스는 말솜씨도 뛰어나지만, 몸매도 날씬하고 표정도 발랄하다. 그래서 더 많은 팁을 얻어낸다. 그녀는 주변 사람을 깜짝 놀라게 하며, 생각보다 말이 앞서고, 의도보다 행동이 앞선다. 메를로 퐁티* 같은 철학자, 즉 지적인 자발성과 신중한 몸을 옹호한 철학자조차 그런 웨이트리스를 보고 경이로워할 정도였다. 그런 사람은 상대적으로 생경한 상황에도 별로 생각하지 않고 적절하게 반응한다. 생각하는 힘이 정신에 위임되고, 의식에 의해 미리 다듬어진 것을 자연스레 표현하는 역할은 몸에 위임되었다는 일반적 생각을 완전히 뒤엎는 사람이다.

스포츠, 예컨대 테니스와 럭비에서도 그런 예를 찾을 수 있다. 뛰어난 선수는 어떻게 행동하는 게 최적인가 고민할 틈도 없이 올바른 결정을 내리지 않는가. 생각이 정리되기도 전에 말이 먼저 튀어나오는 열띤 대화의 경우도 마찬가지다. 우리는 살아있는 존재나 세상에 대해 펼치는 토론에는 수준의 차이가 있다는 걸 인정해야 할 것이다. 원초적인 수준에서 반응은 본능적으로, 즉 순수한 반사적 행동으로 일어난다. 그 후에 의식이 개입되면 상황과 우리의 행동 사이에 시간이 끼어든다. 문제의 조건들을 사색하며 명확히 파악한 후에 결정을 내리는 건 당연한 셈이다. 다른 수준에 있는 사람은 이런 중간 단계를 훌쩍 뛰어넘을 수 있는 능력을 지닌 탓인지, 정확히 조정된 메커니즘이나 습관적인 반응과는 명백히 다른 통찰력이 그의 행동에서 읽힌다. 뛰어난 럭비 선수는 공이 떨어지는 지점을 다른 선수들보다 빨리 파악하고, 뛰어난 테니스 선수는 공을 발리로 처리하는 데 남다른 재능을 보인다.

그러나 이런 탁월한 영감을 지닌 사람은 일반적인 생각보다 훨씬 드물다. 그래도 탁월한 통찰력을 띤 행동으로 인해 상투적인 행위들은 빛을 잃고, 상투적인 방법들은 결국 우리를 싫증 나게 한다. 어떤 사람이 뛰어난 통찰력으로 우리를 놀라게 할 때 우리는 그 사람에게 기민하다는 훈장을 달아준다. 그런 사람은 별로 힘들이지 않고 상대를 놀라게 하는 경우가 적지 않다. 중간 단계를 건너뛰는 것으로 충분한 것이다. 혹은 머리 회전이 빠른 사람이란 평가를 받으려면 일반적인 생각과 정반대 입장을 취하는 것으로 충분하다. 하지만 장 콕토*의 방법은 이와 완전히 달랐다.

"경이로움과 시정(詩情)은 내 관심사가 아니다. 그런 것들이 나를 은밀히 공격하지만 내 여정은 그런 것들을 미리 걱정하지 않는다."

나는 다른 이유에서도 기민함을 찬양하기가 망설여진다. 말에 의미와 형태를 부여하는 단어들이 언제나 예측된다면 기민함은 본래의 특성을 잃고 말 것이다. 나는 그런 말보다 과거에 존재한 표현을 되풀이하지 않으면서 진중하게, 때로는 답답할 정도로 새로운 표현을 찾아내려고 심혈을 기울인 말을 더 좋아한다. 그런 말을 만나면, 나는 지금까지 시도한 느림에 대한 찬양에서 다시 한번 위안을 얻는다.

느림을 선택했다는 것은 세상의 존재가 우리 기대감에 부응하기로 했다는 뜻이고, 약간만 인내하면 무수하게 다양한 세상의 모습을 파악하기에 충분하다는 뜻일까? 그렇다면 느림은 예기치 않은 반응의 위력을 과소평가하는 것이 된다. 예기치 않은 반응은 일회적인 역할로 그치지 않는다. 사람들의 관심을 우리에게 집중시키고 상대의 균형을 무너뜨린다. 그렇게 반응할 때 우리는 세상이 자신의 진실한 모습을 드러내게 만들 수 있다. 우리가 확인한 바에 따르면, 세상은 타성에 젖어 웅크리고 지내며, 모든 것은 반복된다는 생각에 하품만 해댈 뿐이다.

따라서 우리가 세상을 그런 무력한 상태에서 끌어내려고 하

면 세상은 곧바로 없어져 버린 척한다. 낯선 것이 들이닥칠 때
야 세상은 무력한 수면 상태에서 깨어날 것이다. 그래서 상투
적인 말과 예측 가능한 행동에 사람들이 지치는 것이며, 그들
을 무력감에서 벗어나게 하려면 결정적인 한 방이 필요하다.
스탕달*이 쓴《적과 흑》의 주인공 쥘리엥 소렐은 자신의 평판
까지 위험에 빠뜨리며 마틸드를 감동시켰고, 알베르 코엔*의
소설《군주의 연인》에서 주인공은 우스꽝스럽게 보일 수도 있
는 옷차림으로 사랑하는 여인의 앞에 나섰다. 그들은 사랑의
관계를 시작하기 위해서, 예기치 않은 행동의 효과가 생각이
나 습관의 영향으로 희석되지 않도록 신속하게 행동했다.

　종교와 예술과 철학에서의 전환도 똑같이 급작스레 이루어
지지만 전략에 따른 것은 아니다. 얼마 전까지 우리에게 무척
중요했던 것에 대해서 타당성은 없더라도 총체적인 평가절하
도 없이, 이전과 이후가 어떻게 그처럼 급격하게 뒤집힐 수 있
을까? 바로 이렇게 말이다. 이제부터는 하느님이 중요하지, 지
상의 재물은 중요하지 않다. 이제부터는 일상적인 즐거움의
변덕스러움보다 미학적 희열이 더 중요하다. 이제부터는 가장
개연성을 갖는 것의 근사치보다 원칙과 근본의 힘겨운 탐구에
열중해야 한다.

우리가 어떤 도시나 풍경 혹은 국가와 특별하게 맺은 관계도 마찬가지다. 어떤 것도 우리를 꼭 필요한 존재라 생각하지 않는다. 우리에게 대충 눈길을 던지고는 온갖 미사여구로 우리를 포장할 뿐인데도 우리 대부분이 그런 덧없는 포장에 만족한다. 따라서 우리에게 그럴 능력이 있다면, 뜻밖의 반응으로 그것들을 놀라게 해주어야 한다. 그럼 도시는 우리가 여느 사람들과 다르게 단순한 방문객이 아니라고 생각하며, 다른 사람들의 눈에는 보이지 않게 감추어 놓은 문을 우리에게 열어줄 것이다. 우리의 완강한 의지에 굴복하고, 우리가 야만적으로 행동할까 봐 두려워하며 도시는 본래의 고유한 목소리로 우리에게 말하기 시작할 것이다. 다른 사람들은 인지조차 할 수 없는 음악성과 감미로움이란 선물이 주민들, 소광장과 강으로부터 우리에게 전해질 것이다.

신중하고 조심스레 행동하는 편이 더 나은 것일까? 우리는 특정한 유형의 관계, 즉 예의 바르고 호감을 주지만 속내를 드러내 보이지 않는 관계를 고집하는 위험을 무릅쓴다. 이런 상황에서 어떻게 우정이 사랑으로 발전할 수 있겠는가?

"당신은 나에게 오빠와도 같은 존재예요."

하지만 친누이를 탐하는 건 근친상간을 범하는 짓이 아닌가? 또 "이 도시에서는 공해 경보가 한 번도 울린 적이 없다. 버스도 규칙적으로 운행되고 생활비도 그다지 많이 들지 않는 다"라고 극찬받는 멋진 도시가 있다고 해보자. 하지만 그런 도시도 기능의 총체로 파악되는 순간, 혼란스럽고 종잡을 수 없으며 극단적으로 위험한 곳으로 밝혀질 수 있다. 그렇다, 위험한 곳으로!

따라서 연속성보다 불연속성을 중시하고, 신중한 태도보다 돌발적인 행동을 높이 평가하지 않을 이유가 없는 듯하다.

철학의 불확정성이란 부분을 좀 더 자세히 살펴보자. 나는 이런 돌발적인 기습의 원칙에 정반대의 원칙, 하지만 그 역시 제도화된 원칙을 견주어보려 한다. 바로 망설임의 원칙이다. 다시 말하자면 우회와 반박, 준비와 후퇴 등이 당사자의 마음속에서 맴돈다는 원칙이다. 우리가 이런 망설임을 거의 기대하지 않은 곳에서 나는 그런 망설임의 흔적들을 떨쳐내고 싶다.

이런 망설임은 인간의 속성이다. 이런 속성 때문에 인간은 세상의 흐름에 따라 움직이기 시작하다가 결국에는 신념까지 갖게 되는 것이다. 그렇다면 망설임도 세상의 질서에 속하는 것이 아닐까? 세상의 질서도 주저하고 머뭇거리며, 더듬거리고 만지작거리며 수정한 끝에 결국에는 포탄처럼 일정한 궤적을 따라가지 않는가. 그 덕분에 나는 계절의 수레바퀴를 헤아려 낸다. 계절은 항상 앞서거니 뒤서거니 하면서 몇 번이고 들락거린 끝에 완전히 자리를 잡는다. 사람들은 계절마다 쉽게 알아볼 수 있는 모습을 억지로 부여하고 싶어 하지만, 결국에는 그 모습이 똑같아 부질없는 짓이다. 계절들은 인간의 바람에 따르지 않는다. 따라서 계절은 곧잘 방향 감각을 잃고, 덧없는 흐름, 비현실적인 몽상에 빠져든다. 그래서 십이월에 지독한 더위가 우리를 덮치고, 계절이 엉뚱한 짓을 하는 걸 두려워하지 않으면 칠월 중순에 지중해 연안의 코트다쥐르에 눈이 펑펑 쏟아지는 것을 감상할 수도 있다. 그래도 우리보다 더 박애심을 발휘하겠다며 계절이 우리의 평온함, 즉 기존 질서가 우리에게 부여한 평온함을 깨뜨리려고 마음먹지 않는 한 그런 짓을 하지는 않는다.

관찰력이 없는 사람이라도 어느 날 아침 화창한 날씨가 벌써 지나가고, 봄의 징조를 전혀 인식하지 못했다는 걸 깨닫는다. 하지만 깜짝 놀랄 정도로 무척 화창한 날씨가 몇 번이고 계속되지 않으면, 봄이 온 것을 어떻게 알 수 있겠는가?

우리는 겨울에 상대적으로 많은 주의를 기울이고 경계심을 게을리하지 않는다. 겨울은 우리 코끝을 찌른다. 그래서 겨울이 성큼 다가왔다는 걸 알게 된다. 과거에 활동적인 사람들은 새로운 계절의 탄생을 반기며 즐거워했지만 부질없는 짓이었다. 낙관주의자들이 주장하듯이, 겨울이 우리에게 예고하고 찾아오는 친절을 베푼 적이 있었던가? 오히려 겨울은 우리에게 다가왔다가 꽁무니를 빼고 달아나며 우리를 놀리고 싶었던 게 아닐까? 연말에 눈이 올 거라고 예보되면 우리는 즐거워한다. 그래서 기쁜 마음에 밖으로 뛰쳐나가 선물과 먹을 것을 산다. 매섭게 추우면 모닥불을 피울 준비도 한다. 그런데 크리스마스와 새해 첫날에 맥빠지게 비가 내린다. 그래서 겨울이 우리를 버렸다고 생각한다. 게다가 우리 바람과 달리 겨울은 확연하게 물러나지 않는다(우리와 청산할 계산이 남아서 그런 것일까?). 겨울은 시간을 질질 끌며 우리 곁을 얼쩡거린다. 관습대로 받아들여야 할 한계를 지키지 않는다. 매복병처럼 어딘가에 숨어 있다가, 무기(외투와 목도리)를 내려놓는 사람들을 기습적으로 공격한다.

마침내 우리는 삶의 즐거움을 철저하게 되찾아야 한다는 걸 깨닫는다. 우리가 완전히 좌절해서 투쟁을 포기할 즈음에야 겨울은 물러난다. 세상의 질서가 대체로 불투명해서 하루살이들은 뚫고 나갈 수 없지만, 자신의 불안정한 이미지 때문에 우리 곁을 떠날 엄두도 내지 못한다면 활달한 낙천가라도 분명한 신념을 갖게 될 거라고 생각할 수 있을까?

인간은 우물쭈물하며 여기와 저기에, 또 이제는 존재하지 않는 것과 앞으로 존재할 가능성을 지닌 것에 동시에 있을 수 있다. 이런 확증된 사실에서, 우주가 우리 같은 존재의 출현을 미리 대비하지 않았다면 우리 같은 존재는 느닷없이 나타날 수 없었을 거라고 확신하게 된다. 그러나 이런 확신이 오히려 우리에게 충격을 준다. 우리보다 더 기본적인 다른 생명체가 영적인 모험을 먼저 시작했다는 걸 인정하지 않을 수 없기 때문이다. 과거에 우리가 무기력한 것이라 단정했던 자연에 다시 눈길을 돌려야 하는 지금 상황에서 우리는 그때만큼 자연에 너그럽기 힘들다.

우리는 이미 세상을 침묵의 늪에 몰아넣었다. 세상이 우리보다 더 아름답고 뛰어난 노래를 부르는 걸 용납할 수 없기 때문이다. 기독교 덕분에 우리는 세상에 가득했던 신들, 강과 산의 아름다움을 찬양하던 신들을 쫓아낼 수 있었다. 또 현대 과학은 원자를 숫자의 그림자에 불과하다고 주장하며, 세상을 방정식과 십진법으로 환원해버렸다. 이제 우리는 몇 걸음만 더 내디디면 세상의 입을 완전히 부리망으로 씌울 수 있다.

우리는 아직 세상에 완벽하게 부리망을 씌우지는 못했다. 세상은 결단코 우리 뜻대로 움직여주지 않을 가능성이 크다. 세상이 무기력한 존재라고 단언하는 자체가 무분별한 짓일 수 있다. 세상이 우리를 유혹하는 듯하더라도 서둘러서는 안 된다. 세상이 우리에게 신호를 보낼 때마다 신중하게 해석하고 방심하지 말아야 한다. 세상이 우리를 혼란에 빠뜨리고 싶어 할 수도 있기 때문이다. 우리가 극단적으로 신중하게 앞으로 나아가며 결코 허점을 보이지 않기 위해서는 느림이 필수적이다. 이 말에 몇몇 광적인 사람들은 자신이 평정했다고 생각하는 영역에서 칼을 높이 빼 들고 달려들겠지만, 운명이란 저격수가 그들을 쓰러뜨릴 것이다. 그러나 우리가 그들의 그런 운명을 탄식할 필요까지는 없을 것이다.

느림은 그 자체로 더 바람직한 미덕이라고 치켜세우기 힘들다. 움직임과 사색을 규칙적으로 교대하는 편이 낫다. 예컨대 어떤 도시를 구성하는 요소들의 하나가 될 때까지, 거의 무의한 것에도 의미를 부여할 수 있을 때까지, 또 불확실하고 흉측한 것까지도 사랑할 수 있을 때까지 점진적으로 스며들어 그 도시에 사로잡혀야 한다. 그러나 다시는 기회가 주어지지 않으리라 생각하며, 시간에 쫓겨 짧은 기간만 서성거리거나 요란하게 뛰어다니면서 이미지와 느낌과 귀에 들리는 말을 수집하기도 해야 한다. 독서의 경우와 비슷하다고 생각하면 된다. 우리는 독서를 하면서 되풀이해서 읽고, 쉼표와 주석을 눈여겨보고, 이곳저곳을 펼쳐보며 텍스트가 어떻게 진행되었는지 재점검하고, 어떤 때는 돌격의 북을 울리며 전속력으로 돌진해서 저자보다 성공적으로 앞서가고, 또 어떤 때는 너무 오만하게 굴어서 잘못된 길로 들어서지는 않았는지 되짚어보기도 하지 않는가.

가정은 의심을 초래한다. 가정은 상대적으로 익숙한 경험에 근거한다. 꾸준한 속도를 유지할 때만 글을 쓰고 제대로 생각할 수 있는 사람들이 있다. 그들이 속도를 줄이려고 애쓰면 생각도 원활하게 해내지 못하고 글도 제대로 쓰지 못할 것이다. 일시적인 것들이나 천편일률적으로 빠른 속도를 요구한다. 행인은 느닷없이 우리 앞에 나타난다. 우리 삶에서 행인 이상의 의미를 주는 존재가 있기는 한 것일까? 그럼 우리는 깜짝 놀라서 그를 자세히 뜯어보려 한다. 하지만 그는 어느새 우리 시야에서 사라지고 없다. 그래서 느긋하게 살펴보겠다고 그를 뒤쫓아간다면 웃음거리가 되고 말 것이다.

나라면 일시적인 것과 지속적인 것을 번갈아 선택하려 했을 것이다. 신속한 행동과 느릿한 움직임을 반복해서 이어가는 사람을 생각해보자. 그는 간결하면서도 확신에 찬 몸짓으로 장작을 팬다. 그렇게 만든 장작들을 세심하게 쌓는다. 그 일을 끝내면 몸에서 먼지를 털어내고 구두를 벗는다. 실내 계단에 놓인 실내화를 찾아 신는다. 천천히. 그리고 음식물을 정성껏 씹는다. (당연하지 않은가.) 접시에 묻은 향긋한 소스를 빵으로 닦아 먹는다. 이제 깊은 잠에 빠진다. 잠을 깬 직후에는 옅은 안개가 그의 의식에 계속 스며든다.

나는 이런 사람도 때로는 펄쩍펄쩍 뛰면 좋겠다. 불의에는 격하게 반발하고, 어떤 새처럼 날카로운 소리를 질렀으면 좋겠다. 축구를 할 때는 상대편의 수비를 기막힌 패스로 뚫었으면 좋겠다. 어느 여름날의 새벽에는 정적을 깨고, 불안정한 상황에 맞서 과감하게 행동하며, 그에게 두 번 다시 주어지지 않을 기회를 공중에서 낚아챘으면 좋겠다.

이제부터 나는 더는 우물쭈물하지 않을 것이다. 매사에 조심하는 태도를 버릴 것이다. 이제부터 나는 느림의 예찬을 조금도 후회하지 않고 밀고 나갈 것이다. 느림은 내가 세상에 접근하는 유일한 방법이고, 포기하고 싶지 않은 삶의 방식이기 때문이다.

의 문

제 기 와

유 토 피 아

그 리 고

조 언

문화의
과잉

문화의 과잉에 대한 불평이 당연하다고 말할 수 있을까? 이런 불평은 어떤 사람이 너무 지적이거나 너무 친절하다고 혹은 너무 예쁘다고 비난하는 것과 다를 바 없다. 내가 문화의 과잉에 대한 잘잘못을 따지려는 것은 아니다. 그래도 경계심을 품어야 한다. 문화의 영역이 아닌 영역들까지 침범하면서 문화 자체와 어떤 면에서 문화를 벗어난 분야까지 탈진시키는 잘못을 범해서는 안 된다. 또 문화의 소멸을 한탄하는 사람들이 적지 않은 마당에 문화의 과잉이 사람들을 괴롭히는 지경에 이르지 않도록 조심해야 한다.

문화의 과잉에는 그런대로 타당한 이유가 있기는 하다. 첫째로는 가장 오래전부터 제기된 이유로 인류가 꾸준히 진보한다는 것이다. 인류는 마땅히 진보해야만 하고, 그런 진보는 문화를 특징짓는 두 가치인 의식화와 자유의 확보로 해석된다.

우리는 계몽시대의 철학을 알고 있으며, 헤겔과 마르크스의 사상도 알고 있다. 과거의 공화국들은 이런 철학을 다소 명시적인 방법으로 받아들였고, 교육과 보상을 통해서 아이들에게 기회를 균등하게 제공하는 방법을 찾아냈다. 문화와 민주주의는 따로 떼어놓을 수 없는 것이기 때문에 문화적 행위를 끊임없이 더욱 활성화하고 더욱 효과적으로 끌어가야 한다. 자유로운 인간은 자신을 짓누르는 욕구를 의식하고, 그 욕구를 억누르거나 더 바람직하게는 자신의 발전을 위해서 활용하는 사람이다. 노동에 의한 소외가 한 개인이나 한 국가의 운명을 구속하는 유일한 장애물은 아니다.

개인은 온갖 형태의 몰수와 조작 및 반드시 떨쳐내야 할 막연한 이데올로기에 의해 발언권과 욕망을 빼앗길 수 있다. 문화는 사치품이 아니다. 흔히 말하는 것처럼 심심풀이를 위한 오락거리도 아니다. 문화는 내가 나 자신이 되고, 다른 사람들은 그들 자신이 되기 위한 노력의 산물이다. 문화는 우리가 더 큰 행복을 얻기 위해 소유하고 사용하는 재화의 집합체만이 아니다. 문화는 우리를 창조의 과정에 끌어들여서 우리 힘으로 뭔가를 만들어내고, 우리에게 제안된 것을 받아들여 완성해가는 과정이다.

이십 세기 후반은 이런 문화적 요구에 많은 힘을 실어주었다. 번영의 시기에도 인간은 번영만으로는 살아가기 힘들고, 가장 기본적인 욕망을 채운 후에는 덜 원초적이고 더 고귀한 열망을 품게 된다는 것이 밝혀졌다. 경제 위기도 문화의 필요성에 힘을 더해주었다. 생산에 모든 에너지를 결집하기 힘든 시기에 인간을 생산에 억지로 동원할 필요는 없잖은가. 사회적 삶에 뛰어드는 시기가 늦춰지는 젊은이들과 조기 은퇴에 내몰린 연장자들이 그렇게 강요된 여가를 활용해서 교양을 쌓고, 진정으로 자신들의 마음을 사로잡는 것에 열중할 수 있으니까. 이제부터는 풍요로움이 우리에게 허락되지 않기 때문에 우리에게 주어진 적은 것으로 품격 있게 살아가는 방법을 배워야 한다. 모든 것이 풍요로웠던 시대를 아쉬워하지는 말자. 정신의 정상을 향해 올라가려면 몸이 가벼운 편이 낫다.

실업으로 삶의 형편이 어려워지더라도 사람들이 반드시 불합리한 행동을 강요당하지는 않는 듯하다. 오히려 은퇴자들, 즉 경제활동에서 은퇴한 사람들은 다양한 방법으로 자신의 열정을 뜨겁게 드러내 보인다. 따라서 그들이 뒤늦게라도 자아를 실현할 수 있도록 돕는 것은 당연한 일인 듯하다.

우리 세기는 '덜 고상한' 관행들을 문화에 편입하고자 했다

(이것도 제국주의의 한 형태였을까?). 따라서 한 사회에서 정교한 전문기술을 요구하며 구성원들을 하나로 묶는 것이 무엇인지 고심했다. 그런 고민의 결과로 찾아낸 것이 요리와 목공, 정원 가꾸기, 장수의 비결이다. 이런 관습적 행위들은 널리 확산한 것만으로 원래의 매력과 참신함을 상실할 지경에 처하고 말았다. 대표적인 예가 즉각성이다. 즉각성은 이런 관행들의 당연한 특징이지만, 그 기원들은 이미 잊혔고 그런 일들은 이제 은밀한 묵계 하에 진행된다. 예컨대 사회적 무대 앞에 노출되어 세밀히 조사되고, 많은 사람이 들락거리며 기념하게 되자 이런 관행들은 학문적인 담론, 해석의 다툼, 그 자체를 재미있게 설명해주던 단어들과는 아무런 관계도 없는 메타언어의 대상이 되었다.

이로 인해 우리의 상징적 자산이 늘어났고, 우리 연구의 영역이 넓어졌으며, 문화에 관련된 명칭들의 수도 증가했다. 어떤 요리에 대한 설명은 어떤 작품에 대한 설명과 유사해서 은유가 더해졌고, 다른 설명들에 영향을 미치기도 했다. 새로운 요리를 옹호하는 사람들과 전통 요리를 옹호하는 사람들 간의 다툼은 고대인과 현대인의 다툼을 보는 듯했다. 두 문화를 구분하는 데 그쳤으면 더 좋지 않았을까. 하나는 널리 알려지고 학문적인 성격까지 띤 공식적인 문화이고, 다른 하나는 상대적으로 소박하고 덜 알려졌지만, 앞선 문화만큼 가치를 지닌 문화라는 식으로 말이다. 개방이란 미명하에 진행된 '모든 것의 문화화'가 역효과를 낳았을 수도 있다. 우리는 일상적인 것들의 문화를 정당하게 평가받고자 했다. 따라서 일상적인 것들의 문화를 '고급' 문화와 똑같이 취급함으로써 고급문화로 몰아갔다.

공간을 문화적으로 점령하는 것으로는 충분하지 않았다. 우리는 몰지각하게 시간마저 점령하겠다고 공언했다. 고대 문명을 넘어 문명의 요람까지, 더 나아가서는 선사시대의 발전 단계까지 밝히겠다고 나섰다. 또 세상을 떠난 후로 영생의 안식을 얻었으리라 추정되던 죽은 사람들까지 되살려냈다. 고대 문화의 대열병식에도 모습을 드러내지 않는 것이 그들의 간절한 바람이었는데! 우리는 제단과 석기, 두개골과 유골, 동굴을 발굴해내면 그것들을 적극적으로 재활용하며, 거기에서 인류를 위해 최대한의 이익을 끌어내려 애썼다. 그것들이 우리를 태어나게 해주지 않았던가. 따라서 내 생각에 우리는 경건한 마음으로 조용히 그 유물들을 생각해야만 했다. 게다가 그것들은 우리에게서 그런 감사의 행위를 당연히 받을 만했다.

'더 높이', '더 빨리', '더 멀리'라는 구호는 올림픽 경기에만 국한된 것이 아니었다. 그 구호는 우리의 문화 정책에도 영향을 미쳤다. 그러나 우회하고 쉬어가며 글을 읽고 길을 잃는 기술, 그런 문화가 존재했더라면 지금쯤 우리는 '덜 높이', '덜 빨리', '덜 멀리'라는 좌우명을 받아들이지 않았을까.

문화적 행위가 그렇게 끈질기게 개입해서 문화의 간섭주의를 비난할 정도에 이른 이유는 우리가 불완전한 것, 무척 다양한 욕구들, 또 무수히 많은 사람에게 더 많은 관심을 기울이기 때문일 것이다. 또 상대적으로 널리 확산하고 더 인간적이지만 별로 의식되지 않는 까닭에 사라져가고 있는 문화가 있기 때문은 아닐까? 실제로 그런 문화가 사라지려고 하면 연구소와 기관 및 전문가 조직에 도움을 구하고, 전례 없는 문화 동원령을 내려야 할지도 모른다. 우리처럼 배우지 못한 사람들에게 문화의 모든 것을 가르쳐야 할 것이기 때문이다. 춤추는 법, 사랑하는 법, 죽어가는 법, 안부 인사를 하는 법, 색과 맛과 식물을 구분하는 법, 우리의 성징(그리고 쾌락의 중심점)을 알아내는 법, 허리를 굽히는 법, 길을 건너는 법, 눈물짓는 법, 웃는 법, 코를 푸는 법 등 모든 것을 그들에게 가르쳐야 할 것이다.

이런 과제의 규모는 실제로 결핍된 정도 혹은 그에 대한 추정에 따라 달라진다. 정책을 수립하고 집행하는 사람들의 수와 자질 및 고민에서, 조금이라도 부주의하면 한 개인이나 집단 혹은 사회 전체의 결정적인 죽음을 초래할 수 있다는 걸 짐작할 수 있다. 한쪽의 틈새(예 : 철자법)가 메워지면 다른 쪽에서 틈새(예 : 예술적 감각)가 드러난다. 이런 적극적인 행위들을 어떻게 해석해야 할까? 되찾아야 할 것이 그렇게 많은가? 잊힌 것을 되찾으려다가 오히려 다른 잊힌 것을 찾아내게 되는 것은 아닐까? 우리는 이런 열정을 통해 양심껏 행동하는 자신을 드러낼 기회를 찾는 것은 아닐까? 아니면 한층 엄격히 진단한 후에 이런 문화적 시도를 통해서 인간을 관리하고 판별하며 지위를 부여하려는 것일까? 달리 말하면, 유년기부터 노년기까지 국민 전체를 전례 없이 책임지고 떠맡으려는 것일까?

그런데 사회의 성격은 이동성과 유동성으로 표면화되기 때문에 이런 시도를 하는 사람들은 되살려내려는 삶을 고정화하려고 할 것이다. 따라서 거의 형식화되지 않은 문화적 행위들조차 인간의 자유로운 순환을 방해하려 할 것이다. 이런 곤란한 상황을 극복하기 위해서는 다른 자주적인 행위들을 동원해야 할 것이다.

그래도 나는 그렇게 비관적으로 생각하고 싶지 않다. 인간적이고 평온한 삶이 사회에서 여전히 이어지고 있지 않은가. 빙고 게임을 예로 들어보자. 겨울이면 카페에는 빙고 게임 장비가 설치되는 게 전통이다. 카페의 분위기는 빙고 게임으로 점점 달아오른다. 게임을 하는 사람들의 떠들썩한 소리가 카페를 가득 채우고, 때때로 환성과 탄식이 터지고 웃음소리가 뒤따른다. 시간이 흐르지만, 누구도 시간이 얼마나 지났는지 신경 쓰지 않는다. 평범한 사람들의 축구 경기도 다를 바 없다. 탈의실, 진창인 운동장, 멋진 동작, 하지만 잦은 실수, 구경꾼들(친구와 부모)의 우호적인 반응을 생각해보라. 그 일요일 오후 다섯 시쯤이 되면 선수들은 다시 탈의실로 돌아간다. 때때로 그들은 노래를 부르고, 머릿속으로 경기를 복기한다. 그리고 자동차의 헤드라이트를 켠다. 십일월의 낮은 하늘을 뒤로 하고 그들은 조용한 보금자리로 돌아간다.

내가 '모든 것의 문화화'라 일컫는 문화의 장려는 처음에 공언한 목표를 달성했을까? 문화의 장려로 인해 우리가 아름다움과 재능에 관련해 느끼는 데서 그치지 않고 마땅히 알아야 할 것을 충분히 알게 되었다는 구실로, 평범한 삶에서 감각을 섬세하게 다듬는 걸 방해받는 건 아닐까? 나는 감히 내 이름까지 내세우면서 내 생각을 드러내고 싶지는 않다. 대신 필립 메예르의 재치가 번뜩이는 책,《위대한 도시, 파리》에서 가장 문화적인 공간, 즉 박물관에 관련된 부분을 방패막이로 삼을까 한다. 문화 탐방을 목표로 한 관광객은 너무 많은 것을 보려고 해서 정작 중요한 것을 보지 못한다. 상품화된 우리 사회에서 그림의 가치는 그림값에 비례하는 듯하다. 따라서 화랑에서 가격이 정해지지 않은 그림을 보면 관람객은 혼란스러워한다. 이에 필립 메예르는 전시실들의 배치를 바꿔보자고 약간 장난스럽게 제안한다. 예컨대 전시실을 고대 그리스와 고대 이집트의 미술품, 프랑스·플랑드르·이탈리아 회화 등으로 구분하지 않고 작품의 유명도와 가격을 기준으로 구분하자는 것이다. 터무니없이 비싼 그림들의 전시실, 꽤 비싼 그림들의 전시실 등으로…. 이렇게 하면, 우리와 예술의 관계는 사회적(때로는 물질적인) 관례로 결정되지, 우리의 메마른 실존적 상황의 초월을 향한 고상한 감정의 충동으로 결정되지 않을 것이다.

보부르 센터(조르주 퐁피두 센터의 다른 이름-옮긴이)의 방문객이 매년 팔백만 명에 이른다고 우리가 즐거워해야 할까? 팔백만이란 숫자는 우리 현대인이 문화적 장애를 벗어나서 마침내 우리 문명에서 가장 탁월한 작품들을 만났다는 걸 입증해주는 것일까? 보부르에서 근현대 미술관을 방문한 사람이 소수에 그친다는 조사는 오히려 정반대의 사실을 입증해주는 듯하다. 보부르 센터를 방문한 사람들(그들은 그곳을 지나가는 사람들에 불과하다)은 에스컬레이터로 오르내리고, 파리의 전경을 내다보는 걸 더 좋아한다. 방문객들의 끊임없는 발길로 인해 현대미술의 한 형태인 대지미술land art이 만들어지는 것도 사실이다. 이런 관광객들에, 그곳을 피난처로 삼는 가난한 사람들과 대학생들이 더해진다. 이들 모두가 합해져 하나의 문화 형태가 이루어지지만, 관리자들이 보부르 센터에 기대하는 것은 그런 것이 아니다.

전시회의 수와 인기가 더 많은 착각을 불러일으키는 것은 아니다. 전시회장을 찾는 가족과 부부는 걸작을 감상하기 위해서라면 그곳에서 몇 시간이라도 기꺼이 보낸다. 이런 현상이 문화에의 참여를 보여주는 좋은 징조일까? 하지만 떠들썩한 군중의 틈에서 그들이 보는 것은 무엇일까? 전시회장 밖에서도 똑같은 걸작이나 다른 걸작들을 관람할 수 있다면, 그들은 전시회에 가지 않을 것이다. 예컨대 암스테르담에서 렘브란트 전시회가 열렸을 때 전국의 프랑스인들이 암스테르담으로 달려갔다. 그러나 필립 메예르의 말을 믿는다면, 루브르 박물관의 리슐리외 관에 영구히 전시된 이 거장의 그림들은 거의 잊힌 지경이었다.

　이런 문제점들로 인해 문화 정책 전체가 의문시되는 것은 아니다. 하지만 이런 지적들만으로도 우리는 마냥 낙관적일 수 없다. 또 우리가 눈길을 끄는 몇몇 현상만을 지나치게 강조하고, 그런 곳을 찾는 방문객의 수로 문화의 향상을 판단하며, 성급하게 서둘러서 일하고, 우리가 땅을 개발할 때처럼 악착같이 프로그램을 확대하고, 공연을 늘리는 데 급급해서 잘못된 방향으로 행동하고 있다는 우려감을 떨칠 수 없다. 더 겸손한 모습을 보이고, 사회적 흐름에서 느림과 개개인의 다양성을 인정하며, 침묵과 고독과 은퇴를 중요하게 생각할 수는 없는 것일까?

　인간은 무한한 자원을 양적으로나 질적으로 활용하고, 미답의 영역을 개척하고, 매년 효율성을 평가해서 기대치와 비교하고, 문화적 풍경 전체를 조감해 무기력한 문화 운영자와 무관심한 국민을 찾아내어 그곳에 특공대를 파견하기 위한 문화 관측소를 세우려고 노력한다. 이것이 바다와 대륙을 정복하려던 노력, 다리를 놓고 도로를 건설하려던 노력, 옥수수와 닭고기 생산량을 증가시키려던 노력, 또 마지막까지 남은 농부들을 반발 없이 농사에서 손을 떼게 하려던 노력을 떠올려주지 않는가?

이런 적극적인 행동주의가 내 눈에는 의심스럽게 보이지만 일시적인 흥분의 한 형태로 해석될 수도 있다. 때로는 위에서 제안되고 때로는 개인이 발의하는 이런 행동들은 한결같이 뭔가를 만들어내려는 경향, 또 삶의 취향, 특히 함께 어울려서 살아가려는 취향, 그리고 시간을 평범하게 보내지 않으려는 특징을 보여준다. 정부가 문화와 관련된 계획을 발표한다. 여기까지는 잘못된 것이라 말하기 힘들다. 그런데 그 계획에 관련된다고 생각하는 사람들과 조직들이 계획의 원래 목적과는 상관없이 자신들에게 유리한 방향으로 그 계획을 이용한다. 이런 협력과 열정이 합해지면서 문화는 서로 모순되지만, 그들을 하나로 묶는 방식으로 대충 그려지며 쉽게 알아볼 수 있는 독특한 하나의 얼굴을 만들어낸다. 그게 우리에게는 놀랍게만 보인다.

요란하게 소리를 지르느라 이제는 목소리를 잃어버리고 온갖 언어와 양식이 뒤섞인 문화 속에서, 우리는 이리저리 치이지 않으려고 언제 사라지고 물러서야 하는지를 알아야 하고, 거친 파도가 우리를 휩쓸며 삼켜버리려 할 때도 계속 눈을 부릅뜨고 있어야 하며, 촛불을 바라보며 몽상에 잠길 수도 있어야 하고, 화염에 싸인 거대도시의 불덩어리를 뚫고 앞으로 나아갈 수도 있어야 한다.

이런 문화의 과열 앞에서도 적잖은 사람이 탈진하거나 본래의 참신함을 상실할 위험을 무릅쓰고 매달 개최되는 모든 행사에 빠짐없이 개입하고 싶어 한다. 반면에 지적인 안전을 염려해서 무수한 책과 연극과 영화 뒤에 숨어버리는 사람들도 있다. 연말이면 그들은 일 년 내내 멀리했던 시시한 문화적 산물들을 점검한다. 하지만 그들은 여기저기에서 떨어지는 포탄에 맞지 않으려고 지하에 숨어서 불길이 사그라들기를 기다리다가 결국에는 세상에 대한 판단력을 상실한 사람과 크게 다르지 않다. 그들은 새로운 발견이나 걸작을 보지 못했다는 걸 모르지 않지만, 문화의 과열 현상에서 벗어나기를 바라며 아직 보존된 문화의 분야라고 생각되는 다른 분야들에 열정을 쏟는다. 등산이나 그들이 직접 맛있게 차린 식탁이 대표적인 예다. 그럼에도 불구하고, 품격 있는 사람들에게서 흔히 목격되는 이런 일탈에 나는 불안감을 떨치기 힘들다. 나는 지금껏 그렇게 행동한 적이 없다.

다만, 사방에서 광고해대는 책을 즉시 사들이거나, 영화가 개봉되자마자 만사를 제쳐두고 달려간 적이 거의 없었다는 말이다. 나는 그 책이 거의 잊히기를 기다렸고, 그 영화가 상영되는 영화관을 힘들여 찾아야 할 때까지 기다렸다. 그때쯤이면 나는 그 책을 읽는 유일한 독자였고, 그 영화를 관람하는 유일한 관객이었다. 따라서 떠들썩한 군중이나 열렬한 팬들의 장황한 수다에 전혀 방해받지 않았다. 게다가 이런 문화 상품들은 고급 포도주처럼 시간이 지날수록 좋아졌다. 맛볼 만한 가치가 없는 것은 이미 무대 뒤편으로 사라지지 않았겠는가. 때로는 포스터마저 뜯겨 나가 그 영화를 상영하는 곳을 찾기 어려웠다. 하지만 이삼 년 후에 그 영화가 다시 상영되면 나는 오랜 인내를 보상받는 기분이었다.

따라서 나는 인간적인 면을 중시하고 선택의 자유를 허용하는 문화, 그리고 조용하면서도 문화에 대한 권리를 배제하지 않는 문화를 선호하는 경향을 띤다. 어떤 사회에서는 이런 요구들이 특별한 의미를 가지며, 그 사회의 구성원들은 글을 읽지 않을 권리, 공연을 보러 가지 않을 권리를 누릴 것이다. 그렇다고 그들이 야만적이라거나 하찮은 사람들이라고, 혹은 그 사회와 그 시대 사람들로부터 배척받는 사람들이라고 여겨지지도 않을 것이다. 그들은 양심의 가책도 느끼지 않을 것이고, 하나의 운명을 정당화할 뿐인 그런 창작물에서 떨어져 지내더라도 실패한 삶을 산다는 좌절감을 느끼지 않을 것이다. 그들은 평범하고 그다지 중요하지도 않은 행위들로 정당하게 자신들의 운명을 완성해나갈 것이다.

내 생각에는 과열된 문화가 문화의 거부로 이어지는 유감스러운 현상이 존재하는 듯하다. 이는 정보 과잉이 정보조작을 야기하고, 어떤 문화가 사라질지도 모른다는 위기감이 '모든 것의 문화화'를 부추기는 현상과 다를 바 없다. 몇몇 아이가 독서에 큰 흥미를 보이지 않는다고 갓난아이 때부터 책을 읽히려 하는 현상과 다를 바 없다. 요즘 거리에는 옛날처럼 장인(匠人)들도 눈에 띄지 않고 부질없이 구경거리를 찾아다니는 사람들도 없다. 그래서 재미가 없다는 이유로 공연 진행자를 고용해서 거리의 활력을 되살리고, 간선도로에 생명의 기운을 불어넣겠다고 뜬금없이 볼거리를 연출하며 사람들을 불러모으려 한다.

한때 아이들이 축구를 무시할까 봐 두려워하며, 공터에 축구 경기장을 대거 만들기도 했다(물론 그 자체로는 나쁠 것이 없었다). 하지만 어떤 단체에의 가입을 거부당한 아이들이 축구에 열광해서 미치광이처럼 축구공을 찰 가능성은 거의 없었다.

괜찮게 사는 집안 아이들에게 수요일은 가장 바쁜 날이 되었다. 지적인 여가 활동이 극단적으로 늘어났기 때문이다. 아이가 게으름을 피우고 싶어 하거나 꿈을 꾸고 싶어 하면? 또 혼자서나 친구들과 함께 산책하고 싶어 하면? 세상을 떠돌며 많은 것을 보고, 자신만의 이야기를 만들어가면서, 초콜릿 통을 옆에 끼고 혹은 김이 서린 유리창 뒤에 앉아 빈둥거리면서, 때로는 위험을 무릅쓰고 건물들 사이를 뛰어다니면서 삶을 배우고 싶어 하면? 한 아이가 과거의 학생들과 위대한 몽상가들이 걸었던 길을 따르겠다고 고집을 피우면, '모든 것의 문화화'를 열렬히 지지하는 사람들은 자신들의 계획을 결코 완전하게 실행에 옮기지 못할 것이다.

이쯤에서 내 생각을 분명하게 밝히고 싶다. 내가 문화적 시도에 몰두하는 사람들의 열정을 의심하는 것은 결단코 아니다. 연극을 공연하고, 합창단을 꾸준히 유지하며, 아이들에게 언어와 그림을 지도하고, 적은 예산으로 연 댄스 축제에 참여하는 사람들의 열정을 의심하고 싶지는 않다. 나 자신도 때로는 혜택을 누렸듯이, 제도적 기관(랑그도크루시용 지역문화센터) 덕분에 이런 문화적 행위들이 존재하고 구체화하는 것도 사실이다.

나는 이런 성스러운 불길이 확산하는 걸 두려워하는 게 아니다. 내가 정작 두려워하는 것은 '모든 것의 문화화'의 역효과다. 그것은 문화가 권리가 아니라 의무가 되고, 문화가 진부하며 무의미하다고 공언된 평범한 삶을 완전히 대체할 거라고 주장하는 것만으로도 충분할 것이다. 요컨대 문화가 우리의 삶을 더 고상하고 더 지적인 차원으로 회복시키고 싶어 한다고 주장하는 것만으로도 충분할 것이다.

이런 불안감이 정당한 것일까? 나는 지금까지 문화제국주의의 불안한 징조들을 지적해왔다고 생각한다. 현재 존재하는 다양한 형태의 차별에 문화적인 차별까지 더해질 수 있다는 징조들 말이다. 어떻게 사용되느냐에 따라 문화는 약한 사람들에게 자기 자신과 정직하게 대면하고 위험과 위기에 직면할 때 진실이라 생각하는 것에 다가가야 하는 순간을 뒤로 미루는 핑계와 방법이 될 수 있다. 우리 지구를 내보이며 자랑하고, 지구의 모든 부를 발굴해내려는 갸륵한 욕심에 지구를 약탈하지만 않는다면 불안할 것이 무엇이 있겠는가.

도시계획의
지연에 대하여

요즘에는 자주 사용되지 않지만 '지각하는 사람'
이란 표현은 과거에 경멸적인 의미로 쓰였다. 지
각하는 사람은 우연히 늦는 것이 아니었다. 그
가 학교생활과 소풍 약속 시간, 성당 예배 시간에 정확히 나타
나지 못하는 건 당연하게 여겨졌다. 그래서 모두가 그를 기다
려야 했다. 그는 집단의 질서에 해를 끼쳤지만, 그 대가로 악의
없는 질책을 받는 것으로 끝났다. 지금 생각해보면, 나는 그가
악의적으로 지각한 것은 아닌지 궁금하다. 그는 학교가 시작
하는 날부터 다른 학생들보다 늦게 도착했고, 그 못된 습관을
결단코 버리지 못했다.

도시계획의 지연을 주장하는 것은 헛된 공상에 불과할지도
모르겠다. 정확히 말해서 도시계획은 근로자들과 상품들의 흐
름을 방해하는 장애물을 제거하는 데 있기 때문이다. 애초부
터 도시계획은 전통이나 신앙에서 비롯되는 고리타분하고 무

절제한 사고방식에 빠진 도시, 혹은 제멋대로 발달한 도시를 어떻게든 정리하겠다는 의지의 표명이었다. 과거에는 나름 대로 합리적인 이런 의지가 도시 발전을 위한 부단한 노력으로 해석되는 것이 마땅했다. 아무것도 하지 않거나 무관심하게 방임했다면, 도시계획가의 소명에 어긋나는 태도로 여겨졌을 것이고, 자신의 임무에 소홀한 것으로 비쳤을 것이다. 도시계획가는 쉬지 않고 끊임없이 일하지 않으면 쓸모없는 존재로 보일 수 있다.

따라서 다음의 글은 약간 도발적인 면이 있다. 어떤 의미까지 있는 것일까? 여하튼 내가 여기에서 제안하려는 지연 조치들은 가소롭게 여겨질 수 있다. 본래의 속성으로 우리 마음을 사로잡고, 행복이 그곳에 있는데 황급히 그곳을 떠나려는 생각은 비합리적이라고 우리에게 넌지시 암시하는 주체는 사람이 아니라 장소이기 때문이다. 요컨대 우리가 어떤 도시에 끌리는 이유는 순전히 시학적인 합의이지, 병목 현상과 차량 감속용 둔덕과 불필요한 교통표지판 때문은 아니라는 것이다. 나는 이런 의견에 전적으로 동의한다. 따라서 내가 제안하는 계획은 무척 소박하다. 보행자들을 빠져나오기 힘든 올가미에 가두어 놓을 생각은 조금도 없다. 그러나 보행자들이 감당하기 힘들어하는 빠른 삶에는 종지부를 찍고 싶다. 나는 사람들이 휴식을 취하며 마음껏 머물 수도 있고 마음대로 걸을 수도 있는 공간, 즉 용도가 결정되지 않은 공간들을 보존하거나 복원하고 싶다.

나는 비교적 최근이었고 상당히 유토피아적이었던 과거를 먼저 회상해보려 한다. 사람들에게는 물론이고 거리들에도 과거로 되돌아가 보라고 권하고 싶기 때문이다. 예전에는 여자가 원한에 싸여 사랑하는 남자를 뒤쫓아가 길에서 총으로 쏘는 사건들이 있었고, 그때마다 사람들은 여자의 애틋한 사랑에 감격하곤 했다. 이탈리아 출신 석공들이 자기 나라에서는 누구나 아는 노래를 흥얼거리며 일하고 있을 때면 한 남자가 건물 오 층에 올라가 투신하겠다고 위협하곤 했다. 또 아이들이 진열대에 놓인 사과를 훔쳐 달아나면 상인들은 아이들을 뒤쫓아갔고, 개구쟁이 녀석들은 뛰어다니다가 물건들을 뒤엎기도 했다. 더 먼 옛날에는 상인들이 큰 소리로 외치면서 정어리, 동아줄, 증류주, 토끼털, 사냥한 짐승 등을 팔았다. 수레에는 제철을 맞은 과일과 채소가 진열되어 있었다. 이런 회상은 결코 덧없는 향수가 아니다. 과거에는 다른 것이 존재했고, 지금도 다른 것이 가능하다는 걸 보여주고 싶은 바람이다.

오늘날에도 몇몇 상점가에는 물건들이 잔뜩 쌓여 있어, 행인들은 진열대들 사이를 요리조리 빠져나가며 물건들을 건들지 않으려고 몸을 비틀어야 한다. 그래도 행인들은 불평하지 않는다. 불평해보았자 아무런 효과도 없을 것이고, 그런 분주한 모습이 행인들에게는 삶의 한 단면처럼 보이고, 그렇게 복잡하고 개방적이며 예측 불가능한 분위기가 더욱 풍요롭게, 더 나아가서는 더욱 자연스럽게 느껴지기 때문이다.

예전에 여자들은 기상천외한 행동으로, 젊은이들은 본연의 아름다운 모습으로, 시인들은 우수에 젖은 시상으로, 무정부주의자들은 오만불손한 연설로, 공무원들은 거만한 태도로 시선을 끌면서 군중들의 흥분을 가라앉혔다. 혁명의 시기에, 아니 혁명 전에 여자들은 훨씬 기상천외하게 행동했고, 젊은이들은 더 아름다웠으며, 시인들은 더 꿈에 빠진 듯한 모습이었다. 무정부주의자들은 더 오만불손했고, 공무원들은 위험을 무릅써야 했던 길에서 더 거만하게 행동했다. 첫 총성은 요란한 폭죽처럼 울려 퍼졌다. 삼색기, 붉은 깃발, 검은 깃발 등 온갖 색의 깃발이 발코니에 내걸렸고, 군중들은 기꺼이 자신들의 색을 드러냈다. 분노에 찬 남자들의 눈동자에는 검은색이 감돌았고, 그들의 모자와 어깨띠는 붉은색으로 휘날렸다. 여자들은 요란하게 화장한 얼굴로 행진했다. 어린아이들은 시골에서 갓 올라온 듯이 주홍빛 입술을 공공연히 자랑했다. 혁명의 불길이 은근히 타오르며 널리 확산해 온 거리를 뜨겁게 달구었다. 잊힌 단어들이 다시 수면 위로 떠오르며 혁명의 불길을 부채질했다. 장렬하고 활기찬 노래가 민중의 가슴을 한껏 부풀려주었다.

나는 사라진 시대, 하지만 역사에 강력한 족적을 남긴 시대를 떠올려본다. 희망으로 샘솟았던 도시, 따라서 우리가 결코 단념해서는 안 되는 도시도 다시 생각해본다.

예전에 기차역에는 길을 잃은 사람들, 뭔가를 마무리 짓지 못한 사람들, 공허한 눈빛의 사람들이 모여들었다. 여행객들과 도시 거주자들은 역 주변의 카페를 습관처럼 찾았다. 카페에서는 더 많은 일이 벌어지고 다른 어떤 곳보다 민중들이 더 멋지게 보이며, 카페 건물의 오랜 역사성이 지극히 소박한 행동에도 위대한 멋을 더해주는 것 같았다. 요즘에 기차역은 더는 출발의 성전이 아니다. 이제 기차역에서는 다른 지방의 노래가 또렷하게 들리지 않는다. 항구에서도 기적 소리가 들리지 않기 마찬가지다. 사람들은 이제 본 거리를 비우고 대기실을 위장할지언정 기차역으로 피신하지 않는다.

하지만 기차역 대부분은 아직도 사람들을 끌어들이는 힘을 지니고 있다. 우리가 기차역에서 시간을 보내며 빈둥대지는 않지만, 그곳의 풍요롭고 감동적이기도 한 이미지는 우리 생각과 발길의 방향을 습관적이고 기계적인 흐름에서 바꿔놓고, 의식으로 곧바로 전달되는 맹목적인 연상에서도 벗어나게 해준다. 파리의 큰 역들은 한결같이 고유한 매력으로 우리를 사로잡는다. 시인 자크 레다는 그런 매력들을 거의 완벽하게 되살려냈다.

로셰가, 암스테르담가, 로마가와 맞닿아 있는 생라자르역을 예로 들어보자.

"어떤 시간이 되면 인파가 몰려들며 폭동의 잔혹성과 공포의 광기가 뒤섞인다. 하루에 두 번 중대한 시간에, 마주 보며 달려드는 두 인파가 맞부딪쳤다가 썰물처럼 물러나기 때문에, 더욱 그렇게 보인다."

그러나 뇌졸중이 발작할지도 모른다는 염려를 제외하면 그런 현상을 이해해야 한다.

"마비에 빠진 듯한 순간에, 1886년 공화국 공무원들과 부르주아들의 완고함이 거대한 시청의 모습을 띤 이 건물에서 흔들리는 게 눈에 띈다."

나는 남프랑스 출신이기 때문인지 리옹역이 가장 마음에 든다.

"철로 위에는 감시인처럼 망루가 높이 서 있어, 프루비에르 성당과 노르트담 성당에 손짓하는 것처럼 보인다."

사람들은 널찍한 광장 위에 위압적으로 서 있는 리옹역을 좋아하지만, 이제 리옹역은 "양옆에 늘어선 순전한 캐러멜색의 건물들 사이에서, 늙었지만 여전히 필적할 만한 경쟁자가 없는 여배우가 단골 과자점 주인이 보내준 과자들의 틈에 파묻힌 것처럼 시대착오적으로 보인다."

몽파르나스역은 최근에 개축되어 같은 세대에 속하지 않는다. 도시계획자들이 몽파르나스역을 부끄럽게 생각해서 변장시키려 했던 것 같다. 이 역은 거대한 주택단지 내의 한 귀퉁이를 차지하며, 그 주택단지의 입구처럼 슬그머니 열려있는 지하철역이란 운명을 받아들이고 있다. 하지만 그런 가식적인 모습에도, 또 널찍한 광장의 한 귀퉁이로 밀려났지만, 보행자들은 누가 뭐라 해도 몽파르나스역을 기차역, 하지만 그 고상한 이름을 돋보이게 할 기회를 거부당한 기차역이라 생각한다. 그 때문에 이 역은 보행자들의 가슴을 아프게 한다.

오스테를리츠역은 뚜렷하게 눈에 띄지 않는다. 입구와 출구를 찾기도 쉽지 않다. 바로 옆에 있는 파리 식물원이 훨씬 더 눈에 띄고 웅장한 데다 이름까지 과학적이어서 오스테를리츠역의 위상을 떨어뜨린다. 무심한 사람은 오스테를리츠역을 지나면서도, 그 역이 아직 존재하며 프랑스의 중부와 남서부에서 오는 여행객들을 쏟아내고 있다는 걸 눈치채지 못한다. 그로 인한 충격에서 벗어나려면 주변의 카페에 들어가 맥주를 주문해 마셔야 할 것이다. 그렇게 원기를 회복하고 나서야 그는 그럭저럭 다시 걸음을 옮길 수 있다.

나는 사람들이 마음껏 머물 수도 있고 근심에 싸여 혼란스러운 와중에도 활기차게 걸을 수 있는 공간, 즉 용도가 결정되지 않은 공간들을 보존하거나 복원하자고 제안할 뿐이다. 이런 소박한 계획으로도 우리 도시의 외관은 크게 바뀔 것이고, 우리를 완전히 새로운 정책 방향으로 끌어갈 수 있을 것이다. 예컨대 공원을 생각해보자. 요즘에는 공원에서도 여흥 거리를 벗어나기가 힘들다. 바둑판 모양으로 짜인 배치가 효율적이기는 하다. 물론 공놀이와 탁구, 매듭진 밧줄을 잡고 오르기, 미끄럼틀 타기, 테니스 경기와 백 미터 장애물 달리기는 내가 보기에는 적절하다. 그러나 온갖 기능에서 자유로운 공간을 자꾸만 줄이지는 말자. 오솔길에서는 몽상에 잠길 수도 있고, 좁

디좁아 느릿하게 걸을 수밖에 없으며, 신문을 느긋하게 읽을 수도 있고, 감히 파고들 수 없는 덤불 숲을 바로 옆에 두고 휴식을 취할 수도 있잖은가.

부모나 배우자의 죽음 때문이 아니라, 고독하고 슬프고 울적한 마음을 치유하기 위해서 다시 이 세상에서 혼자인 고아, 홀아비나 과부가 되는 것도 몸을 위한 수면요법이나 온천요법만큼 영혼에 유익하다.

나는 과거에는 성당에서 어렵지 않게 누렸던 분위기를 다시 되살려내고 싶다. 감실의 고요함과 사라진 하느님의 침묵, 고해실의 어둠, 소예배실의 희미한 빛, 금식 기간과 금육재 기간을 되살려내고 싶다.

이렇게 하면 성당에서 모든 의식이 더욱 장엄하게 거행될 것이다. 그럼 장례식에서 망자의 천국행을 축하한다는 이유로 울려 퍼지던, 광란의 리듬을 띤 짤막한 노래들이 더는 들리지 않을 것이다. 장례식을 통해서 우리 영혼은 죽음을 진지하게 생각하는 기회를 얻고, 대신 일상적인 일들은 하찮게 여겨질 것이다. 중요한 상황에서만 프랑스어를 사용하게 하고, 거기에 옛 루에르그 지방의 억양을 더하면 더욱 좋을 것이다. 성당에서 쓰이는 라틴어는 어렵지 않게 이해되기 때문에 내 생각에는 라틴어가 더 좋을 듯싶다. 이런 성당에서는 거의 민간인의 의복에 가까운 제복을 입은 사제를 만나기 힘들 것이다. 그런 제복은 인간 세계의 벽을 통과하는 통행증일지는 몰라도 하늘나라, 하느님에게 다가가는 통행증은 아니기 때문이다. 사제들, 특히 사제복의 긴 아랫자락이 우아하게 보일 정도로 훤칠한 키에 머리칼을 짧게 깎고 뻔뻔스러운 눈길을 감추지 않는 젊은 신학생들은 일요일이면 샤를레티 운동장에서 겨드랑이에 럭비공을 끼고 달린다. 쉰 목소리에 낡은 사제복을 입은 늙은 사제들이 그 젊은 사제들을 돕는다. 늙은 사제들은 인간의 고통과 고난의 친구로 거친 손을 지녔으며, 명예와 환희, 요컨대 영원하지 않은 것은 중요하지 않은 세상에서 온 것이 분명한 듯하다.

그런 성당을 나서면 사람들은 몇 세기나 젊어진 기분일 것이다. 또 쉴 새 없이 울려대는 경적, 개축되는 건물들, 패션 상점들의 요란한 광고를 담담하게 견뎌낼 수 있을 것이다.

내가 여기에서 권장하며, 유토피아를 향한 독창적인 주장인 양 제시하는 지연 정책이 이미 진행되고 있는 건 아닐까? 보행자들을 위한 길이 점점 많아지고 있지 않은가. 보행 전용도로에서는 자동차들과 뒤섞이지 않아서 좋다. 노동자들은 거의 보행자 전용도로를 이용하지 않겠지만, 우리까지 그들의 속도에 맞추어 걸을 필요는 없잖은가. 매력적인 진열창이 우리의 시선을 끌고, 아이들은 어머니의 감시에서 벗어나 마음대로 깡충깡충 뛰어다닌다. 사실, 발을 구르며 출발 자세를 취한다는 것은 장소가 제시하는 리듬에 맞춰 때로는 빠른 걸음으로 때로는 불편한 걸음으로 걷는 것이 아니라, 우리가 지나가는 지형의 변화에 맞춰 걷는 것이다. 쉽게 말하면, 어떤 장애물에도 방해받지 않지만 때로는 뱀처럼 꾸불거리며 여유 있게 흘러가는 살아 있는 물과 고여 있는 물을 비교하는 것과 마찬가지다.

보행자 전용도로에는 먼바다에서 불어오는 시원한 바람도 없고, 그곳만의 고유한 분위기도 없다. 보행자 전용도로를 따라 걷다 보면 필연적으로 상점가, 즉 소비를 유혹하는 산책길을 만나게 마련이다. 진실이 숨 쉬는 구역에서 우리는 도시의 이점을 누리며 천복을 받은 조용한 성직자가 되지만, 상가에서 조용한 태도는 어울리지 않는다. 책과 예술의 거리에서는 침묵이 마그네틱 경계 표지가 아니라 아름다움을 향한 선의에서 비롯된다. 그 거리에서 우리가 만끽하는 분위기가 인간의 선한 천성을 증명한다. 서점들은 조금도 오만하지 않다. 가장 최근에 발간된 책에서도 약간은 퇴색한 기운이 느껴진다. 옆에 진열된, 예술품에 가까운 그 책들이 지나치게 활달하게 말하면 입을 다물라고 꾸짖는 듯하다. 서점에 진열된 책들은 만지며 냄새를 맡을 수 있는 대상이 된다. 단순히 독자들에게 들려주려는 메시지만이 담긴 것이 아니다. 도안가, 조판공, 제본공이 자신들의 아름답고 연약하며 느린 운명을 세상에 내놓는 셈이다. 가끔 유명한 저자를 탄생시키는 출판사들은 자신들의 성공 비결로 강렬한 인상을 남긴다. 추천서를 받지 못하면 누가 감히 출판사에 명함을 내밀 수 있겠는가! 이곳이 걸출한 작품만을 만들어내기 위해 창조된 세계라는 걸 우리는 분명히 알고 있다. 예민한 산책자라면 이곳에 야만적이고 비정하며, 어리석게도 경제적인 결정에 무작정 따르는 또 다른 세계가 존재한다는 걸 알아챌 것이기 때문에 약간은 음울한 분위기까지 느낄 수 있을 것이다. 몇 개의 길만 돌아가면 혼잡한 일상이 다시 시작되는데 섬세하고 치밀한 사람들, 소중한 자료들과 세련된 생각들이 어떻게 이곳에 모여 있을 수 있을까? 그래서 이곳의 음울한 분위기가 번민하는 듯한 아라베스크 장식과 어울리는 것일까!

우리는 반듯하면서도 다양한 도시의 풍경에서 행복을 느끼지만, 그 행복을 울타리로 둘러싸인 공간에 가두어두지는 않는다. 그 공간이 보행자 전용도로여도.

물(강과 연못)의 장점으로 우리 마음을 차분하게 가라앉혀 주고 우리를 명상으로 인도한다는 걸 언급하는 것만으로는 충분하지 않겠지만, 그래도 물은 차갑지 않아야 하고 멀리 있지 않아야 하며 만질 수 없는 곳에 있어서는 안 된다. 그런 물은 건물들, 주차장, 상가의 그럴듯한 장식품으로 여겨질 것이기 때문이다. 우리에게 유익한 물이 되기 위해서는 살아있어야 하고, 눈으로 보기에도 손으로 만져서도 부드러워야 하며, 수면 아래의 힘찬 움직임을 느낄 수 있어야 한다. 포장도로보다 단단하고 매정하게 둑을 쌓는다면 물은 본연의 미덕을 상실하지 않을까? 그래서 레 강변에 사는 사람들이 그 강이 길들여지고 운하가 건설되어 침묵에 빠졌다고 한탄한 것이 아니겠는가. 몽펠리에의 중심가, 폴리곤의 입구에 세워진 분수대들도 통행인들의 대화를 끌어내지 못한다. 나는 그곳을 지나는 사람들이 발걸음을 멈추고 분수대를 바라보는 걸 본 적이 없었다. 파리 근교에 조성된 많은 신도시에서도 거대한 분수대가 도심 한복판을 차지하고 있다. 어떤 때는 분수가 구름을 반사하며 경이로운 모습을 자아내지만, 대부분 물로 된 줄무늬에 불과하다. 게다가 곧은 물줄기는 비정한 기하학적 구조로 고층건물의 모양을 돋보이게 해줄 뿐이다.

인공적으로 조성된 연못도 마찬가지다. 어떤 지방자치단체는 오십 개, 심지어 백 개의 인공 연못을 조성하겠다고 약속한다. 주민들과 여행자들이 폭포처럼 떨어지는 물과 하나가 될 때, 기분 좋게 그 주변을 둥그렇게 둘러싸고 물의 흐름에 매료되어 소원까지 빌게 될 때, 그 인공 연못들은 본연의 역할을 할 수 있을 테다.

몇 해 전부터 국토 개발 전문가들은 지나치게 경직된 주택단지들을 녹색 물결로 뒤덮어 부드러운 분위기를 자아내려 했다. 그러나 그 결과가 항상 그들의 바람과 일치하지는 않았다. 처음에는 녹색을 중심으로 한 여러 색이 한꺼번에 갑작스레 주택단지를 뒤덮어서 인위적인 조작의 극치로 보였다. 인간이 기교를 한껏 부리며 자연을 모방하려고 안달하는 모습과 다를 바 없었다. 왜 녹색의 물결이 주택단지에서 멈추고 더 멀리 뻗어가지 못하는 것일까? 녹색의 물결은 어디에서 굴러떨어진 것일까? 산에서 눈이나 돌이 굴러떨어지며 사태를 일으키는 것처럼 그 녹색은 필연적으로 형성된 것이 아니다. 그래도 오랜 동거가 있고 난 후에 녹색은 주변 풍경과 뒤섞이며 적절한 조화를 이룬다. 이제 우리는 그 녹색의 세계를 지나고 오르내린다. 요컨대 우리는 그곳에서 시간을 보내며 영혼의 안식을 구한다.

공공장소의 벤치는 없애는 것보다 늘리는 편이 나을 듯하다. 소박한 제안이지만, 이 방법이 공공의 공간을 회복하는 첫 걸음이 될 것이다. 그러나 번잡한 대로에 놓인 벤치들이 효과를 발휘할 수 있을까? 그래도 자동차들이 보행자들을 괴롭히지 않는 곳에 상대적으로 벤치를 많이 설치하는 게 훨씬 나을 것이다. 인간은 일단 벤치에 자리 잡고 앉으면 소음을 그런대로 견뎌낼 수 있으니까. 게다가 벤치를 좀 높은 곳에 설치하면 사람들은 방해받지 않고 주변 풍경을 살펴볼 수 있을 것이다. 파리의 몇몇 큰길에서는 소시민들이 신문을 읽고, 아직 견딜 만한 노숙자들은 봉지에서 먹을 것을 꺼낸다. 그런 큰길에서는 다른 형태의 지연들이 행인의 발길을 붙잡는다. 바로 카페에서 원기를 회복하고 있는 사람들의 모습이다. 카페의 뜨거운 열기, 허겁지겁 먹는 대식가들, 초록색 앞치마를 두르고 오가는 웨이터들, 먹음직스러운 굴이 담긴 접시가 행인의 눈길을 붙잡고 그의 기분을 풀어주며 발걸음마저 늦추게 한다. 운이 좋으면, 행인은 이제는 드문 종자가 된 단골 산책자, 즉 큰길을 느긋하게 산책하며 파리의 정신을 살리는 데만 열중하는 사람(금리 생활자일까?)도 만날 수 있다.

기차역이나 큰길 이외에, 한가롭게 거닐 수 있는 새로운 장소들도 살펴봐야 할 것 같다. 슈퍼마켓이 대표적인 예다. 가족들은 돈을 아끼려고 대형마트에 간다고 말한다. 대형마트에서는 저렴하게 물건을 살 수도 있지만, 눈길을 사로잡는 물건들이 많아, 빨리 끝내려던 쇼핑 시간은 점점 길어진다. 가을이면 부부가 대낮에 대형마트에 들어갔다가 해가 떨어진 후에야 나온다. 때로는 쇼핑을 오랫동안 하려는 욕심에 간이식당에서 저녁을 먹기도 한다. 다른 손님들과 얼굴을 마주치고, 상품들을 구경하는 과정에는 애정 어린 분위기마저 싹튼다. 절벽처럼 쌓인 배즙이나 커피 봉지가 건물의 아름다운 벽면을 대신한다. 식료품매장에서 정육매장으로, 해산물매장에서 가전제품매장으로 발길을 옮길 때마다 분위기가 달라진다. 매장마다 색과 소리, 기온과 습도가 다르고, 직원들의 복장도 다른 때문인지 손님들은 다른 매장으로 옮길 때마다 다른 세계로 들어서는 기분을 느낀다.

아이들에게는 부모들의 급한 발걸음을 붙잡는 데 충분한 힘이 있다. 아이들은 한결같이 옛날에 구경거리를 찾아다니던 사람들처럼 행동한다. 대형마트는 요즘에 구경거리가 많은 대표적인 공공장소다. 여러 세대, 온갖 사회적 계층, 온갖 피부색의 사람들이 뒤섞이는 곳이 아닌가. 올바르게 행동하면 누구라도 들어갈 수 있는 공간이다. 사람들은 이곳에 들어서면 서로에게 무관심하지 않다. 서로 관찰하고 평가하며, 눈빛으로 서로 인정하거나 반박한다. 대형마트에서 걷다 보면 서로 살짝 부딪치게 마련이고, 이런 현상은 부수적으로나마 부드러운 만남을 갖는 가장 좋은 방법일 수 있다. 목록에 쓰인 물건을 사는 걸 잊었거나 뭔가를 빠뜨렸을지도 모른다는 미심쩍은 마음에, 여하튼 충족감을 느끼지 못하기 때문에 발길을 되돌리기도 한다. 대형마트는 눈에 띄지 않게 역할놀이가 이루어지고, 어떤 상품에 대한 작은 국민투표가 행해지는 곳이다.

물건을 사는 것만으로 그친다면 대형마트에서 머무는 시간은 무척 짧을 것이다. 그러나 현대적인 것을 배우고, 기술력을 비교하며, 모든 신상품을 훤히 아는 현대인이 되려면 시간을 투자해야 한다. 신상품을 모르면 교양 없는 사람으로 전락하기 때문이다. 교양 있는 문화인이 되기 위해서는 시간이 필요하다. 요즘 가족, 특히 청소년이라면 유행에 뒤처지지 않기 위해서 시간 투자를 줄이지 않을 것이다. 교육을 위해서 자유로운 이동과 호화찬란한 색을 제공하는 대형마트보다 좋은 학교가 있겠는가. 대형마트의 관리자들은 훌륭한 교육자에 버금가게 현명하다. 그들은 자신을 드러내지 않고, 고객들(학생들)에게 스스로 배우게 하며, 어려움을 느끼는 고객들이 도움을 청할 때만 모습을 드러낸다.

예전에는 기차역이 출발의 성전이었다면, 지금은 대형마트가 가장 현대적인 문화의 성전이다. 대형마트는 사람들이 새로운 것들을 선보고 많은 전문지식을 한꺼번에 습득할 수 있는, 몇 안 되는 공간 중 하나다. 내일, 혹은 보름 후에는 다른 물건들, 적어도 가전제품매장에는 다른 물건들이 진열되고 제안될 것이다. 하루살이처럼 단명하는 상품을 제안하는 것이 우리 시대의 큰 미덕 중 하나가 되었다.

성전이나 도시에서, 어떤 문화권에서나 그렇듯이 대형마트에서도 시간을 두고 대대적인 행사가 열린다. 생일을 맞으면 대형마트는 우리부터 생각하는 듯하다. 한 구역, 도시 전체가 광고 현수막으로 넘쳐흐른다. 비디오테이프리코더, 오리고기 조림, 긴 의자, 엉덩이 살코기(오 킬로그램용 상자), 탁구대, 카스텔라, 양고기가 싼값에 팔려나간다.

물론, 물건을 쌓아둘 곳도 없고 돈이 없어서라도 우리는 광고지에 실린 모든 물건을 사지는 않을 것이다. 그러나 물건들을 하나씩 살펴보는 과정에 우리는 탐나는 물건들로 쇼핑카트를 채우고 싶은 꿈에 빠져든다. 따라서 대형마트가 문을 닫을 즈음에 밀려드는 울적한 마음은 무시할 수 없을 만큼 크다. 마지막 손님들까지 창고형 매장에서 조금씩 빠져나가면, 매장의 무수한 상품들은 원래의 고독으로 돌아간다. 누구도 욕망의 불길로 그 상품들을 되살리지 못할 것이다. 쇼핑카트들이 부딪치는 소리도 점점 뜸해진다. 이제 황량하게 변한 주차장에는 몇 대의 자동차가 이유 없이 남아 있을 뿐이지만, 다채로운 색깔의 광고 사진들은 여전히 반짝거린다. 거대한 장작더미가 되어 불붙여지지만, 왜 장작더미는 도시에서 멀리 떨어진 곳에서 타올라야만 하는 것일까?

이런 지연 정책은 도시계획가들과 정치인들이 좋아하는 접근 가능성이란 개념과 상반되는 듯하다. 접근 가능성이 교환과 효율성에서 유리하며, 누구나 원하면 갈 수 있도록 가능성을 부여하고, 그 결과로 소외자와 격리자를 줄여준다는 점에서 민주적인 가치를 갖는다고 말하기도 한다. 하지만 나는 이런 낙관적인 생각에 동의하지 않는다. 이런 식으로 공간 앞에서 모두가 평등하다는 생각은 형식적인 개념일 뿐이다. 낙인 찍힌 지역에서 맥없이 살아가는 사람들이 공간의 평등을 실질적으로 누리지 못하는 이유는 그곳을 떠나는 게 금지되어 있기 때문이 아니라 다른 이유, 즉 경제적이고 이데올로기적인 이유 때문이다. 하루가 다르게 교통이 빨라지는 세상에서 강한 도시들은 자신의 존재를 뚜렷이 드러낼 기회가 훨씬 많아진다. 그 결과로 소도시들은 중심 도시의 베드타운이 되고, 지방은 대도시 앞에서 존재감을 잃는다.

접근성이 높아져서 완전히 개방화된 도시나 국가는 본연의 신비로운 면과 은밀한 면, 즉 자신만의 고유성을 상실하는 게 아닐까?

왕래는 거주의 반대말이고, 왕래는 신속함을 유도하고 거주는 멈춤을 부추긴다는 게 확실할까? 내 생각에는 이제부터 이런 대립 관계를 극복하는 게 가능할 듯하다. 적어도 어떤 상황에서는 이런 극복이 가능하다. 거주한다는 것은 무엇보다 습관에 물들어, 밖이 내 존재, 즉 내가 존재하는 안의 덮개가 되는 상황을 뜻한다. 이런 이유에서 우리는 매일 어떤 버스를 타는 순간부터 그 버스 노선을 따라 살아간다고 말할 수 있다. 운전기사의 얼굴도 점차 익숙해지고, 우리 삶의 궤적은 정류장의 수로 결정된다. 일정한 시간에 버스를 타는 승객들과도 점점 친숙해진다. 따라서 그들 중 한 명이라도 계속해서 보이지 않으면 이상한 생각이 들고 걱정까지 밀려온다. 이런 경우에 삶의 궤적은 긴 시간의 한 조각, 즉 무의미한 공백이 아니다. 우리의 과제들을 행하는 과정에서 주어지는 휴식 시간이다. 비경제활동인구, 예컨대 은퇴자와 청소년 및 학생 등을 고려하면 이런 지적은 더 큰 의미를 띤다. 우리는 비경제활동인구가 버스를 완전히 다르게 사용하는 집단이라 생각하지 않는다. 오히려 그들도 나름의 방식으로 공공 교통수단을 이용한다고 생각한다. 몽펠리에에서 은퇴자들은 무료로 공공 교통수단을 이용하며, 오후에 버스에서 서로 만난다. 청소년들의 상황은 훨씬 더 복잡하다. 교외에 사는 아이들은 공격적인 태도를 띠지만, 공공 교통수단을 무척 좋아한다. 밤이 되면 버스가 유일하게 빛을 밝힌 공간이고, 서글픈 환경에 놓인 그들을 반겨주는 장소이기 때문이다. 이처럼 양면성을 띤 청소년들의 태도에서, 공공 교통수단이 실용성을 넘어 집단적 가치를 띤다는 걸 짐작할 수 있다.

지방자치단체들은 무료 버스 운영으로 주민들을 야간 축제장에 데려가고 다시 집에 데려다준다. 힘든 노동 혹은 거꾸로 일자리의 부족에 시달리지 않는 사회, 또 개인 승용차의 사용이 오히려 불편한 사회에서 버스나 전차를 활용해 주민들이 시내 곳곳을 돌아다니도록 기회를 제공한다면 얼마나 좋겠는가. 말하자면 버스와 전차가 이동식 카페 역할을 하는 셈이다. 그렇게 하면, 버스와 전차는 시민들의 공동재산인 다른 물건들과 마찬가지로 그들만의 공동재산으로 여겨질 것이다.

분주하지 않고
가벼운
마음으로

느림은 그 자체로는 어떤 가치도 없다. 우리가 불필요하고 헛된 계획에 힘을 쏟지 않고 우리 사회 내에서 명예롭게 살 수 있는 수단이 바로 느림이다. 따라서 문제는 우리에게 주어진 과제를 행하는 데 필요한 시간이 아니다. 우리가 얼마나 빨리 끝내느냐는 그다지 중요하지 않다. 수직적인 접근 방법을 어떤 의미에서의 수평적인 시각으로 바꿔보자. 예컨대 우리에게 제안되는 것에 개입하는 정도에서, 움켜잡지 않고 살짝 건드리기만 하겠다고 맹세해보자. 그럼, 존재하는 모든 것이 현재의 모습, 앞으로 선택하기로 합의한 모습을 우리에게 보여주려고 본연의 속도로 때로는 빠르게, 때로는 느릿하게 우리를 향해 다가올 것이다.

나는 어린 시절에 전쟁을 겪었다. 이른바 '궁핍'을 몸으로 겪었다. 장난을 쳤다고 디저트를 빼앗기는 상황이 아니라 빵도 없고 우유도 없고 고기도 없는 상황, 전기도 없고 자유도 없는 상황이었다. 독일군이 어쩔 수 없이 독일로 돌아간 후, 나는 굶어 죽은 귀신처럼 모든 것에 무작정 달려들었다. 당시 영화 연구 클럽이 유행이어서 우리는 질리도록 영화를 보았고, 영화에 대한 비판적인 분석, 때로는 과격한 분석까지 서슴지 않았다. 우리는 바게트를 통째로 삼키기도 했다. 나는 시골에서 자랐지만, 파리에서 공부를 계속했다. 파리에서 지낼 때는 유명한 이름들로 묵주를 만드는 데 흔쾌히 응해준 지하철역들을 묵주 알로 삼아 기도했고, 노선을 옮겨가며 지하철에서 몇 시간을 보내곤 했다. 한 노선에만 있는 유명한 이름들로도 예외적인 위엄을 누리기에 충분했다.

나는 지도의 도움을 받아 파리를 구역별로 나누는 행위는 하지 않았다. 그럴 정도로 밉살스러운 짓은 하지 않았다. 그러나 결국 나는 파리 사람처럼 행동했고, 파리의 스무 개 구역을 완전히 파악해서 기억에 담았다.

나는 신중하게 행동해야 한다는 걸 깨달았다. 아는 척하면 내 무지함이 감추어지리라 생각했지만, 곧 내 무지의 한계를 인정하고 말았다. 어둠에 싸인 부분들이 모습을 드러냈고, 파리는 깊은 암흑에 빠져들었다.

나는 상당히 예민한 편이어서 고유한 관인만을 보고도 어떤 도시이고 어떤 구역인지 알아냈고, 목소리의 억양으로 상대의 출신지를 알아냈다. 땅에 드리워진 그늘로 어떤 나무인지도 알아냈다. 또 내가 아무리 노력해도 사물의 다른 면은 항상 내 판단에서 벗어날 수 있다는 것도 깨달았다. 그렇다면 어떻게 행동하고, 어떤 구체적인 모델을 채택하고, 어떤 문화적 전략을 취해야 할까?

대화를 방해하지 않으려면, 또 잠든 어린아이를 깨우지 않으려면 발끝으로 살금살금 걸어야 한다. 공손한 사람들은 공원을 떠날 때, 세상을 떠날 때도 발끝으로 걷듯이 조용히 떠난다. 눈까지 내리까는 이유는 조심스러운 성격 때문이 아니라, 상대의 얼굴을 무례하게 빤히 쳐다보지 않기 위함이다. 누군가를 정면으로 바라보는 눈길에서는 언제나 약간의 무례함이 읽히게 마련이다.

진수성찬을 먹은 후에는 만족의 표시로 눈을 반쯤 감는다. 이는 소화의 행복감을 방해하지 않거나 포만감을 감추기 위한 반응이다. 또 우리가 제공된 음식들을 배가 터지도록 먹었기 때문이기도 하다.

반쯤 잠들고, 주목할 만한 가치가 없는 세계에는 관심을 끊자. 그렇다고 무의식의 어둠에 빠지지는 말자. 깨어있는 상태와 잠든 상태의 사이에 들어가 보라. 꾸벅거리는 머리, 배에 얹힌 두 손, 멍하니 벌린 입, 아무렇게나 늘어진 팔다리…. 악의적인 사람의 눈에는 우스꽝스러워 보이겠지만.

인간과 그의 그림자. 인문과학의 발달로 인해 이보다 더 진부해지고 더 단순해진 것이 무엇이겠는가! 나는 '인간과 그의 희미한 빛'이 되느니 차라리 최초의 인간이었으면 더 좋겠다.

나는 분명히 살짝 스쳤는데, 상대는 인지하기 힘들었겠지만, 살짝 만져졌다는 걸 느끼지조차 못한다. 하지만 나는 은밀하게라도 접촉해야만 한다. 그런 접촉이 없다면 나는 세상에서 가장 감미로운 감각을 맛보지 못할 테니까.

나는 교묘하게 피한다. 남의 눈에 띄지 않게 사라진다. 그렇다고 내가 비겁한 사람이라고 생각하지는 않는다. 정반대의 모습으로 꾸미려면 완벽한 기술이 필요하다. 약간만이라도 머리가 있는 짝은 내가 사라질 것을 예상하고 대비한다. 이렇게 일정한 거리를 유지하는 덕분에 우리는 한 지붕 아래에서 함께 살아간다.

어느 해 여름 내내 나는 남서부 지역을 돌아다녔다. 그렇다고 성당 제단 뒤의 장식화, 복원된 농가, 중세의 성을 찾아다닌 것은 아니었다. 작은 도시에 들어설 때마다 나는 테니스 클럽 안에서 공이 스치는 소리에 귀를 기울였다. 당시에는 클레이 코트밖에 없었다. 나는 일부러 클럽 안에 들어가지 않았다. 귀로만 듣고도 나는 슬라이스 서브, 백핸드 스핀, 포핸드 드라이브, 드롭샷을 구분할 수 있었다. 하얀색 테니스복도 귀로 짐작할 수 있었다. 그 감미롭고 은밀한 음악 소리를 듣고 난 후, 나는 강변에서 고급스러운 식사, 때로는 푸짐한 식사를 즐겼다.

시무룩한 얼굴은 언짢은 기분과 별다른 관계가 없지만, 무관심의 한 단면을 뜻하기도 한다. 시무룩한 여자가 환히 웃으면 입술은 꽃잎처럼 벌어지며 진홍빛을 띤 도톰한 입술로 변한다. 얼굴은 바다처럼 끝없이 변덕을 부린다.

'그녀를 내 품에 안을 때.'

이 유행가의 가사는 계속 이어질 필요가 없는 듯하다. 이 감미로운 몸짓만으로도 충분하고, 가수 에디트 피아프의 목소리로 세상이 가득 채워지지 않는가.

입술에도 끝이 있는 것처럼 입술 끝으로 마지못해 말하는 모습은 불손한 생각을 겉으로 드러낸 증거일 수 있지만, 타인의 관심을 끌지 않으려는 마음, 또 앞으로 말하는 것은 지금까지 말한 것보다 중요하지 않다는 뜻을 전하려는 의도일 수도 있다.

"굶주린 배에는 귀가 없다."

입술 끝으로 마지못해 먹는 사람에게는 해당하지 않는 말이다. 이 말은 혀로 핥아먹는 걸 거부하고, 입을 크게 벌려 과일을 우적우적 씹어 먹고, 시원한 포도주를 꿀꺽꿀꺽 마셔 갈증을 풀겠다는 뜻이다.

얼버무려 말하라. 말이 완전하면 투박하고 세련되지 못하다. 말을 사 등분, 아니 팔 등분 해보라. 그러면 말이 소중한 의미의 조각들임이 드러날 것이다.

위선적인 학자들처럼, 겉멋을 부리는 사람들처럼, 상투적인 말을 어리석게 두려워하지 않고 '그는 나에게 언제나 쉽게 말한다.' 쉬운 말이 밖에서나 집 안에서나 쉽게 전달되는 법이다. 예컨대 우리는 좋지 않은 일을 맞으면 "아이코, 하느님!"이라고 말한다. 신앙심이 있어야만 이렇게 말하는 것은 아니다. 친구의 실수를 증명하려 하지 말고, 다정한 목소리로 "네가 착각한 거야" 아니면 반대로 "네가 맞을지도 몰라"라고 솔직하게 말해보라. 또 사랑하는 사람이 부당하게 화를 내면 "당신이 내 마음을 아프게 하고 있어"라고 말해보라.

'그들은 할 일이 너무 많아 꿈꿀 시간도 없다.'

얌전한 아이들이나 윗사람에게 잘 보이려고 열심히 일하는 체하는 사람들에게 해당하는 말이다. 그들은 감히 몰래 빠져나가거나 소리 나지 않게 문을 열고 나가 떠돌아다니지 못한다.

고인 물에 대한 평판은 좋지 못하다. 몸에 해롭고 역겨우며 악취를 풍긴다는 것이다. 그래도 내 생각에는 고인 물이 끊임없이 재순환되고 불소로 처리되는 물보다 훨씬 나은 듯하다. 그런 물은 우리가 만질 생각도 않고 마실 생각도 않으며, 극단적으로는 쳐다볼 생각도 하지 않을 테니까.

과거의 매력. 우리는 과거에 아무런 영향도 미치지 못한다. 또 과거는 이제 전혀 위험하지 않기 때문에 우리 몸이 과거를 경계할 이유도 없다. 따라서 세계 전쟁이 시작되기 전은, 이제는 아득히 멀리 느껴져서 기억하기조차 힘들다. 그저 상식에서 벗어난 맹목적인 시대였던 것으로만 읽힌다. 그러나 우리 시대 사람들은 과거가 없는 삶을 두려워하기 때문인지, 과거를 되살려내 라이프 사이클에 억지로 밀어 넣는다.

문 뒤에서 엿들어서는 안 된다. 조심스레 행동하라는 뜻이 아니라, 우리가 관련되지 않은 말에 지나친 관심을 보이지 말라는 뜻이다. 똑같은 이유에서 우리는 못 들은 체해서는 안 된다. 오히려 벗어나고 싶은 계략에 적극적으로 순응하라. 귀 담아듣는 척하면서 마음의 평화, 축복받은 사람의 평화를 누려라.

공원에서 덤불 숲을 사이에 두고 기분 좋게 잠깐만이라도 대화를 나눠보라. 자갈길에서도 똑같은 매력을 맛볼 수 있다. 자갈길 덕분에 우리는 누군가 가까이 다가온다는 걸 예측할 수 있다. 그가 자갈을 밟으며 본의 아니게 소리를 내니까. 그런데 요즘 시청에서는 이런 자갈길을 아스팔트 길로 바꾸고 있다. 그래서 우리의 발자국 소리가 존재감을 상실해가는 실정이다.

내가 부자여서 스위스에서 삶을 마칠 수 있다면 좋겠다. 바라건대, 나는 고통스럽게 죽지 않았으면 좋겠다. 순간적으로 꺼지는 불빛이었으면 좋겠다. 헌신적인 간호사가 매일 나를 휠체어에 태우고 산책을 시켜주면 좋겠다. 그리고 어느 날 저녁, 내가 저 호수와 맞은편 강변의 희미한 빛을 마지막으로 보는 것이라 확신할 수 있다면 좋겠다.

콧노래를 부르라. 밀라노의 라 스칼라에서, 잔잔한 바다에서 노래하는 행운은 재능이 뛰어난 사람들에게 넘겨라. 오페라에서 돈 후안의 역할을 맡는 가수들이 오페레타에서도 돈 후안의 역할을 맡는 경우가 많다. 우리는 과자점 견습공처럼, 양장점의 재봉사처럼, 휴가를 얻은 군인처럼 콧노래를 부르자.

다른 사람들은 목젖까지 드러나 보이게 크게 웃더라도 당신은 방금 얼굴에 떠오른 미소까지 지워버려라. 정말 원하면 당신도 유리창을 깨뜨리고, 거들먹거리는 사람들의 가식을 벗겨내며, 권력자들의 망루를 무너뜨릴 정도로 크게 웃어라.

공원에서 성가신 사람을 멀리하려면 성무일과서를 갖고 가서 읽는 척하라. 요즘 누가 성무일과서와 공쿠르상을 받은 소설이나 문고본 책을 구분할 수 있겠는가?

우리는 흔적도 없이 사라지고 싶지 않아 발버둥 치지만 유행은 하루가 다르게 확산해 간다. 우리 선조들은 불행과 어려움을 겪은 후에 일시적으로 흔적조차 없는 존재가 되어버렸지만, 대부분은 그들을 받아들이려는 구원의 손길이 있었다.

우리 자신을 알려고 애쓰면, 진흙이 수면 위로 떠오르는 순간이 찾아온다. 주체가 존재하지 않기 때문에 그런 노력이 헛된 시도라는 걸 인정하자. 오히려 '나'라는 인물을 구성하는 모든 꼭두각시에게 주의를 기울이고, 그 꼭두각시들을 능수능란하게 조작하며 즐기는 편이 낫다. 하나의 모자를 다르게 씌워보고, 또 하나의 저고리를 멋지게 꾸며보라. 이처럼 삶이라는 연극을 재미있고 다채롭게 꾸며보라.

내 경우에는 온갖 종류의 장소가 내 감각을 달래주었고, 그 덕분에 나는 야만적인 삶을 살지 않았다. 기숙사 생활을 할 때는 의무실, 성인이 되었을 때는 병원, 오후의 한가한 때는 소성당, 팔 월에는 영화관, 고고학자나 동굴탐험가가 아직 찾지 않은 동굴, 성당처럼 어둑한 숲 등이 나에게는 그런 장소였다.

나는 사람들이 별로 찾지 않는 곳들을 알아냈다. 덕분에 거북한 만남을 적잖게 피할 수 있었다. 사실 나는 모든 만남이 거북하게 느껴졌다. 예전에는 지방의 오래된 도서관, 혜택을 받지 못한 학교, 박물관에서 다른 방문객의 숨결에 방해받지 않고 편하게 호흡할 수 있는 시간을 즐길 수 있었지만, 이제는 그런 시간마저 허락되지 않는다.

이런 공원에서는 아직도 혼자만의 삶이 가능하다. 물론 우리는 기혼자이고 배우자의 죽음을 바라지도 않는다. 돌봐야 할 아이들도 있고, 막내아들의 수학 공부를 도와줘야 한다. 막내딸의 영국 여행 일정을 짜주기도 해야 한다. 이런 상황에서 우리 영혼의 죽음을 슬퍼하고, 사라진 세월을 애도하며, 절망에 빠진 사람들의 행렬을 바라보기는 힘들다. 그러나 옛 모습을 지닌 공원에서는 이런 것들이 가능하다. 그런 공원에서 우리는 방황하는 다른 사람들을 마주하며 슬픈 마음을 서로 교환한다.

내가 불가능한 것을 꿈꾸었던 것은 아닐까? 요즘 어떻게 나를 위한 그런 공간을 만들 수 있을까? 크리미아반도에서 우울함과 죽도록 싸웠던 러시아 공주의 상황이 지금도 여전히 가능할까?

깊이 생각해야 할 때 나는 사상가인 척하지 않는다. 나는 그저 생각에 잠긴다. 온갖 개념들이 은유의 효과에 의해서, 또 이상하게도 평범한 생각들이 떠오르면서 신속하게 사라진다. 많은 사람의 얼굴이 떠오르며 내 마음이 활짝 열린다. 나는 고산지대 방목지에서 여름밤을 생각하는 목동이 된 듯한 기분에 젖는다. 하나의 의미를 지닌 것도 확산해 광대해질 수 있다는 걸 기꺼이 인정하며, 불확실한 항해를 포기한다. 내 능력을 훌쩍 넘어서는 것이니까.

**순박한
사람들의
휴식**

많은 부분이 기억에 맞춰져 있지만, 그렇다고 현재와 미래(유토피아)를 무시하지는 않은 이 글에서, 나는 아주 오래전 — 사람들과 그들의 생활 조건이 지금보다 훨씬 단순했던 시대 — 의 관습들을 언급해보려 한다. 당시 휴식 시간은 양적으로 무시할 만한 정도가 아니었고, 순전히 피로의 회복을 위한 적막한 시간도 아니었다. 편하게 지내면서 한숨을 돌리고 조용히 행복을 만끽하는 시간이었다. 게다가 당시에는 노동이 오늘날 여가라 칭해지는 것과 완전히 분리되지도 않았다. 일단은 이 정도로 말해두고, 나는 오늘날에도 우리 중 일부에게는 당시와 똑같은 행복을 안겨주는 몇몇 단순한 행위들에 대해 집중적으로 설명해보려 한다.

1935년부터 1939년까지, 또 1940년부터 1945년까지, 그 후로 1945년부터 1950년까지는 서양이 선사시대로 완전히 들어가지 않은 시대였다. 로트에가론주의 빌뇌브쉬르로트, 생트리브라드, 통브뵈프, 몽클라르다그네를 비롯해 몇몇 도시와 마을에 장이 열리면, 노동과 장사와 즐거움이 뒤섞였고, 분주한 시간과 한가한 시간, 벌어들인 돈과 지출한 돈이 뒤범벅되었다. 요즘에는 완전히 다른 영역에 속한 것들이라 여겨지는 이런 표현들이 당시에는 전혀 모순되지 않았다. 행복이 그들을 한자리에 모이게 한 까닭이다. 건초 수확이 겨울 동안 축사를 꾸려가기에 충분하지 않은 상황에서, 가축을 팔아넘기는 수지 맞는 거래에서 얻는 즐거움, 넋을 잃고 많은 얼굴과 많은 나들이웃을 만나는 환희, 빌뇌브쉬르로트의 티볼리 카페처럼 평소에도 부르주아 손님들이 단골로 찾아가는 고급 카페에 가는 행복감이 있었다.

젊은이들은 춤을 추거나 영화를 보러 갔다. 그들에게는 평소보다 더 자유분방한 행동이 허용된 까닭에, 젊은 여자들의 화장도 평소보다 약간 더 질어졌다. 행동과 특별한 즐거움을 넘어선 극도의 흥분은 시간이 지날수록 고조되어 전반적인 분위기를 뜨겁게 달구었다. 거의 언제나 가축을 끌고 걸어가야 했기 때문에 오후가 되면 피로가 현기증으로 발전했고, 긴장이 풀려 잡담이 시작되고 행동도 자유로워졌다. 거래가 오가고, 그 후에는 저녁까지 춤이 계속되는 장터의 소란은 사람들의 기분을 풀어주었다. 여기저기에서 함성이 울려 퍼졌고, 목청은 높아져만 갔다. 지폐로 교환되는, 지갑을 두둑하게 부풀려주는 돈들로 인해 사람들의 눈빛은 반짝거렸고, 한 푼 한 푼 헤아릴 때는 축제의 나라에 온 듯한 착각마저 드는 듯했다. 점심때가 되면 사람들은 로트 강변에 앉아 빵에 파테를 얹어 먹었고, 큼직한 소시지를 자르고 포도주를 병째로 들이켰다.

이런 상황에서 말다툼이 시작되었고, 주먹까지 주고받기 시작했다. 벼락처럼 터져 나오는 욕설은 이런 소동을 이상화하며 궁극적인 의미까지 부여했다(분노와 욕설을 터뜨리는 데도 일종의 의식과 기술이 있었고, 시골 사람들은 자신들의 가축과 자식들, 도시 사람들과 변덕스러운 날씨에 대고 고함치는 법을 일 년 내내 혼자서 터득했기 때문이다). 밤이 깊어진 후, 싸움꾼들은 만원인 데다 끊임없이 흔들리던 버스에서 내리면서, 혹은 시골길을 걸으면서 별들을 향해 마지막으로 한바탕 욕설을 퍼부어대며 희열을 만끽했다. 이튿날 아침부터 이슬을 맞으며 습관처럼 농장일을 시작할 때야 그들은 술에서 깨어났다. 따라서 노동과 휴식은 뒤엉켜서 서로에게 도움을 주며, 시간과 더불어 비틀거리며 현기증 나는 삶을 향해 한 걸음씩 나아갔다.

　더 일상적인 삶의 모습은, 지금은 장중함을 완전히 잃어버린 이발소에서 찾을 수 있다. 당시 이발은 하나의 작은 사건이었다. 이발은 상대적으로 여유로운 시간(그렇다고 한가한 시간은 아니다)에 필요한 물건을 사들이는 여정의 일부였다. 커다랗고 헐렁한 하얀색 옷으로 온몸을 감싼 채 가위와 이발기 아래에 무기력하게 앉아 있어야만 하는 의식이었다. 고된 일의 연속으로 쉴 틈이 없던 사람들에게는 그야말로 휴식의 시간이었고 충격의 시간이었다. 기다리는 손님들에게 말을 거는 것은 거의 관례였다. 조심스럽고 신중한 말투로라도 낯선 사람에게 말을 건다는 건 그 과묵한 사람들에게는 적잖은 변화였다. 사람들은 보따리(사들인 물건)를 이발소에 맡겨 놓고 나중에 찾으러 오기도 했다. 이발소가 긴 여정에서 버스의 출발로 끝나는 일종의 기항지 역할을 했다는 뜻이다. 그 보따리들은 온갖 물건들이 들어있는 데다 부피도 커서 상당히 거추장스러웠고, 그 주인들이 도시 사람에 견주어 촌스러운 시골 사람인 걸 노골적으로 드러냈지만, 그들에게 도시 물건을 샀다는 얼얼한 기분을 안겨주었다. 보따리들은 그들에게 한시도 마음을 놓지 못하게 하는 걱정거리였고, 그들을 도시와 이어주는 매개물이었다. 그들은 보따리를 도시에 사는 친척이나 도시에 정착한 옛 이웃의 집, 혹은 카페나 버스 정류장에 맡겨 두었다가 부랴부랴 찾아가곤 했다. 요컨대 그런 보따리 덕분에 시골 사람들은 도시에서 정체성을 잃어버린 사람, 아무런 준비도 없이 떠도는 여행자라는 손가락질을 받지 않았다.

생생한 기억은 무척 긍정적인 현상이다. 선술집에 대해서는 이미 언급했고, 브리콜라주(자질구레한 재료를 사용해서 뭔가를 만드는 작업—옮긴이)에 대해서도 생각해봐야 한다. 물론 그런 작업을 하는 사람의 무한한 인내심, 이런저런 끈과 상자를 찾아내고 잡다한 재료들을 연결해가는 능력, 조각 하나라도 그 용도를 어떻게 해서든 찾아내려는 집중력, 조금만 합리적으로 생각하면 더 빨리 결론에 도달하기 때문에 최대한 어렵게 작업하려는, 억누르기 힘든 욕망에 대해서도 생각해봐야 한다.

나는 의미를 금방 떠올리기 힘든 불명확한 단어들을 살펴보고 싶다. 주중에 힘들게 일하고 일요일에는 마음껏 여유를 즐겨도 괜찮은 것처럼, 직역하면 '살찐 아침'이란 단어가 '늦잠'이란 뜻으로 쓰이는 경우가 대표적인 예다. 일요일 아침, 한 남자가 천천히 잠에서 깨어나 자신의 얼굴, 그리고 자식들과 아내의 얼굴을 알아본다. 그는 탐험이라도 하듯이 더듬으며 복도로 나간다. 익숙한 물건들이 곧바로 그의 손에 잡히지는 않는다. 그는 그 물건을 향해 다가갈 뿐이다. 그의 얼굴과 표정은 간밤의 모습을 오랫동안 떨쳐내지 못한다. 이런 이유에서 그는 곧바로 면도를 시작하지 않는다. 이런 이유에서 그는 잠이 덜 깬 호흡 소리와 눈꺼풀이 부은 모습, 주름진 옷과 윤기를 잃은 몸을 부끄러워하지 않는다. 시간이 좀 지나야 똑같이 머뭇거리며 집 앞의 거리와 상점들을 알아볼 것이고, 평소에는 버스나 지하철을 타려고 일어나자마자 달렸던 다리도 마비가 풀리려면 시간이 필요할 것이다.

'먹기'와 '마시기'도 기본적인 욕구의 표현으로 단순화할 수는 없다. 그보다 문화적인 욕구를 의식하고 충족하지 못한 사람들이 그런 기본적인 욕구에 탐닉하기 때문이다. 게다가 고기와 소스 등 배를 불려주고 원기를 되찾게 해주는 실질적인 것에 현혹되는 모습을 보여주는 사람들도 적지 않다. 먹을 것을 앞에 두면 마냥 행복해하며, 세상의 무분별한 소동은 물론이고 세상이 우리에게 던지는 하소연도 무시한다. 그저 의자에 앉아 식물성 음식과 동물성 음식의 상호보완성을 따지며, 이 세상에서 근절할 수 없는 한 부분이 되어가고, 느릿한 소화 과정을 맞이할 준비를 한다.

음식의 역할은 노동력을 회복하고 유지해주는 것일 수 있다. 또 식사는 하나의 의식으로, 사회적 교환의 한 형태로 여겨질 수 있다. 내가 여기에서 말하는 식사는 동화작용이 꼭 필요한 과정이고, 그 과정에서 약간 동안이나마 우리가 자신의 이미지를 생각하고 살펴보며 드러내야 할 필요성을 상실하는 식사를 가리킨다. 달리 말하면, 배불리 먹어 혈관에서 피가 힘차게 순환되는 걸 느끼고, 동물의 살을 우리 살로 바꾸며, 칼로리가 우리 몸에 구석구석 퍼지게 하고, '둔감한 삶의 즐거움을 만끽하기' 위한 식사를 가리킨다.

내친김에 이런 둔감한 삶을 향해 더 나아가서, '낮잠'의 의미를 따져보자. 낮잠은 노동법에 따른 노동시간을 무시하는 제도에 묵묵히 순종해야 하는 노동자들의 고뇌를 대변하는 것일 수 있다. 따라서 자유로이 잠자는 사람이 선택한 낮잠으로 우리 분석을 한정해야 한다. 낮잠은 선택의 결과여야 하고, 어떤 형태로든 그 가변적인 시간과 관계가 있는 행복감을 안겨주어야 한다. 따라서 영성체나 약혼식 같은 가족의 잔칫날과 관계가 있다. 그런 날이면 모두가 포만감에 젖도록 먹고 마시며 노래를 부른다. 가족 모두가 즐거워하는 까닭에 아버지에게는 낮잠을 즐길 권리가 있다. 게다가 젊은이들은 춤을 추기 시작한다. 아버지는 낮잠으로 그런 분위기에 대한 만족감과 허락을 표시한다. 낮잠을 자더라도 축제의 장을 떠나지는 않는다. 가끔 선잠에서 깨면 감미로운 음악이 들리는 까닭이다. 가족들은 요란하게 즐거운 마음을 표현하는 반면에, 아버지는 자신의 즐거움을 조용히 듣는 모습으로 보여준다. 아버지는 가족들이 흥분 상태에서 맛보는 것을 의식이 가물가물한 상태에서 경험한다. 이것도 극히 미묘한 경험이다. 첫 번째 둔감한 상태, 즉 식사로 인한 둔감함에 이어지는 두 번째로 둔감한 상태이기 때문이다. 낮잠에 빠져들며 박자가 이미 느려졌지만, 그 박자마저 더 느릿해진다. 의미 있는 삶에 무관심한 기계적인 해석으로는 음식과 술이 잠을 재촉했을 거라 단정하겠지만, 이런 해석은 낮잠 자는 사람이 둔감한 상태에 빠져들고 곧 들이닥칠 음식들을 예감하는 기술을 고려하지 않은 해석이다. 낮잠은 대체로 급작스레 밀려온다. 만약 아버지가 육체노동을 하는 사람이라면, 그 화창한 일요일에 아버지는 밀물처럼 밀려드는 낮잠을 떨쳐내지 못했을 것이다.

음식을 소화하고 잠을 자는 것도 노동의 영역에 속하는 경우가 있다. 더 정확히 말하면, 우리 몸의 동의하에 작동하고, 우리가 평소에는 관심을 기울이지 않는, 내장을 움직이는 생리적인 노동이다. 음식이 우리 몸에서 변형되는 방식으로 취하는 잠이야말로 편안하고 행복한 잠이다.

이런 낮잠에는 언뜻 깨어나는 순간들이 있고, 다시 잠에 빠져드는 순간들이 있다. 낮잠을 자는 시간은 결단코, 우리 삶의 리듬과 같은 선상에 있지 않다. 낮잠의 경계선은 때로는 의식과 충돌하고, 때로는 무의식과 충돌한다. 행복하게 낮잠을 자는 사람은 수생식물처럼 수면 위로 나타났다가 다시 잠기고, 잠을 깬 상태로 다가오려다가 다시 멀리 떠나버린다. 또 환히 밝은 오월의 오후부터 시작해서 어둠이 내릴 때까지 꿈속을 돌아다닌다. 땅거미가 내리고 손님들이 다시 춤을 추기 시작하기 전에 점심으로 먹고 남은 음식을 다시 저녁 식사로 차리려고 할 때야 침대에서 부스스 일어나기 때문이다.

그러나 브리콜라주를 하고, 성대한 식사를 하고, 낮잠을 자고(풋잠을 자고), 정원을 꾸미고, 시원한 바깥바람을 쐬고…, 이런 행위들은 대단한 것도 아니고, 노력이 많이 드는 것도 아니다. 나는 노동력을 회복하고 유지하는 데 꼭 필요한 휴식의 시간을 긍정적으로 평가하는 편이다. 이런 휴식은 생리적으로 당연하다는 점에서 현대인들의 들뜬 여가 활동과는 완전히 다르다. 고상한 것과 그렇지 않은 것을 굳이 구분해야 할까? 더구나 동료들과 협력하고, 크게든 작게든 세상을 호흡하며, 거의 무의식 상태로 대장간의 풀무를 작동하고, 브리콜라주를 하는 행위는 우리의 개입 없이는 행해지지 않는다. 따라서 불완전한 잠도 있고, 초라한 비스트로에서의 만남도 있게 된다. 그러나 어떤 조건 아래에서 우리는 휴식을 통해 자아를 실현하고, 휴식에서 창조적인 회복의 행복을 발견하며, 음식과 아름다운 풍경과 타인의 정중한 행동을 즐기듯이 휴식을 만끽할 수 있다. 이런 휴식은 움직임의 부재로만 정의되지는 않을 것이다.

예나 지금이나 순박한 사람들에게 휴식은 원기를 회복하고 자신의 뜻에 따라 시간을 사용하며, 자유롭게 선택한 행동에 몰두하는 행복만이 아니다. 일요일이 아니더라도 종교적 의무에 따라 노동에서 벗어난 휴식이 주는 평화는 집 밖에서, 동네 전체에서, 동네의 돌멩이에서도 찾을 수 있다. 피곤에서 조금은 벗어난 얼굴들, 비스트로의 문을 여닫으며 그곳의 테라스에서 꾸물거리는 손님들의 모습, 장을 보는 주부들의 모습, 사람들이 화를 내지 않으면서 농담을 스스럼없이 주고받는 모습에서도 찾을 수 있다. 동네가 피곤을 씻어내고 흥겹게 노래를 부른다. 그리고 사람들은 서로서로 친구라는 걸 다시 깨닫는다.

휴식에는 두 가지 형태가 있다. 하나는 피로와 밀접한 관계가 있는 휴식이다. 요컨대 피로가 완전히 사라질 때까지 일을 조금씩 줄여가는 데서 얻는 즐거움을 생각해보면 된다. 피로가 줄어듦에 따라 휴식도 존재감을 잃어간다. 이런 휴식에는 여전히 일정 정도의 행위와 경계를 게을리하지 않는 시선 및 긴장이 있게 마련이다. 우리는 이런 것들이 조금씩 사라져가는 걸 보는 데서 행복을 느낀다.

다른 하나는 모든 흥분 상태가 배제되는 휴식으로, 앞의 휴식보다 더 확실한 휴식이다. 이 휴식에는 어떤 일을 끝냈다는 만족감마저 표현되지 않는다. 마음이 평온할 때나 갈등을 일으킬 때도 의식에 영향을 주는 흐름에 휩쓸리지 않는 이런 휴식 상태에 이르는 것은 무척 어렵다. 어떤 요소를 인식하면 그에 합당한 이미지가 우리 마음에 그려지게 마련이다. 예컨대 수천 년 전부터 요지부동인 산들의 지층, 깎아지른 듯한 절벽과 달리 그 위의 고원지대에 평평하게 펼쳐진 호수를 생각해보라.

순박한 사람들은 두 유형의 휴식 모두를 경험한다. 가혹한 삶을 살면서도 그들은 빡빡한 삶의 리듬에서 벗어나게 해주는 순간들을 즐기기 때문에 첫 번째 휴식을 경험하고, 영혼이 워낙 온화해서 욕심을 부리며 안달하지 않기 때문에, 그들은 두 번째 휴식을 경험할 수 있다.

결론적으로 약간 씁쓸하지만, 지식인들은 순박한 사람들에게 허용된 이런 형태의 휴식을 누리지 못한다고 생각할 수밖에 없는가? 지식인은 정의로운 중년의 친구다. 또 증거를 끈질기게 파헤치며 개념을 규명하고, 치밀하고 조직적으로 이론적인 대책들을 강구한다. 지식인이 수면의 상품화를 맹렬히 비판하고, 하물며 낮잠을 옹호하는 사람들을 비판하는 것은 새삼스레 언급할 필요도 없을 것이다. 지식인은 인간이 냉정함을 되찾고, 세상의 흐름을 판단하고 결정하는 존재라는 걸 깨닫는 데 인간의 위엄이 있다고 생각하기 때문에 나약함을 혐오하는 듯하다.

오히려 나는 지식인보다 사색하는 사람의 아침에 대해 생각해보고 싶다. 교사든 연구자든, 사회학자든 철학자든 사색하는 사람은 아침에 일어나서 서재로 향한다. 그는 자신이 간밤에 쓴 글이 있는지 확인한다. 그 글을 읽지는 않는다. 높이 쌓인 자료들, 여기저기에 흩어진 쪽지들을 보며 자신의 노동 세계에 다시 익숙해진다. 서재는 어떻게 행동해야 하는지 결정하기 전에 다시 둘러봐야 하는 일종의 작업장이다. 그는 다시 작업을 시작해야 하고, 그 작업에 의미를 부여해야 하지만, 그 의미를 자신 있게 확신할 수는 없다는 걸 알고 있다. 그래서 그는 한가롭게 거닐며 잠깐 휴식을 취한다.

소르본 대학교에 다닐 때 감히 찾아갈 엄두조차 내지 못했던 스승들에 대해서도 생각해보고 싶다. 그래도 우리는 긴 복도를 지났다. 긴 복도는 일종의 부속실이었다. 그리고 엄청난 수의 책들과 자료들로 뒤덮이고 마비가 된 듯한 방 앞에 이르렀다. 한 순박한 청년이 레지스탕스 운동에 참여해야 하는지를 물으려고 사르트르를 찾아갔던 것처럼, 우리는 어떤 조언을 구하려고 그 방에 간 것이 아니었다. 우리는 시공을 초월하는 계시, 유연한 사상의 만남, 더욱 명철해지기 위한 강력한 자극을 바라지는 않았다. 나지막한 말, 흐릿한 불빛, 지극히 절제된 몸짓에서 비롯된 애수를 맛보기 위해서 스승의 연구실을 찾아갔다. 너무 많은 글을 읽은 탓에 점점 희미해지던 스승의 두 눈, 이미 많은 말을 했던 까닭에 마침내 웅얼거리고 속삭이듯 말하는 방법을 터득한 스승의 입술을 보며 탄복했다. 세상의 흐름에서 어쩔 수 없이 주어진 일종의 휴식이었다. 우리는 학교에서 나와 생제르맹에서 세상을 만나며 다시 한번 놀랐다. 인간에게 무례하기 짝이 없고, 민첩하고 빠른 속도로 거침 없이 인간을 혼란에 빠뜨리며, 온갖 형태의 피로를 무시할 정 도로 어리석은 세상에 우리는 놀라지 않을 수 없었다.

내가 가장 좋아한 교수의 연구실이 있던 건물에서는 안락함 을 찾아볼 수 없었다. 그 교수는 내게 난로 옆에 앉으라고 권했 다. 그리고 자신이 '힘들게 찾아냈다'라고 자부하던 어떤 시인 의 시를 읽어주었다. 교수는 그 시인에 대해 말할 때 어떤 보물 을 찾아낸 소년처럼 희열에 찬 표정을 지었다. 그 때문에 '힘들 게 찾아냈다'라는 표현이 내 생각에는 적절한 듯했다. 나는 교 수의 희열에 완전히 함께하진 않았지만, 교수는 환희에 찬 표 정으로 몇 편의 시를 읽어주었다. 나는 교수를 위해서 우편물 의 수거 시간이 끝나기 전에 편지를 우체통에 넣는 등 잔심부 름을 해주었다. 교수는 감사의 표시로 내게 싱거운 백포도주 한 잔을 건넸다. 교수는 백포도주에 역시 하얀색을 띤 비스킷 을 적셔 맛있게 먹었다. 겨울에 나를 배웅할 때면 난롯불을 다 시 뒤적거렸다. 그때마다 번뜩이는 불똥을 바라보는 교수의 눈길은 부드럽기 그지없었다. 그리고 허리를 펴며 작별 인사 대신에 혼잣말처럼 내게 말했다.

"뭐 좀 먹을까요?"

교수는 모베르 광장인가, 콩트레스카르프 광장의 시장인가에 진열된 과일들과 채소들 사이에서 활기를 되찾고 황홀감에 젖었다. 존경받는 교수가 노동의 삶 한복판에서 만끽하는 환희였다. 나는 그처럼 뛰어난 정신을 소유한 교수마저도 소박한 사람들의 영혼을 간직하고, 그들과 똑같은 방식으로 휴식을 즐긴다는 사실에 놀라지 않을 수 없었다.

**하루의**
**탄생**

이미 눈치챈 사람도 있겠지만, 흥분해서 일할 때보다 흥분해서 딴 데 정신을 팔게 하는 상황이 나를 불안하고 화나게 한다. 그렇다고 내가 세상을 혐오하는 것은 아니다. 나 자신을 위한 삶을 힘이 닿는 데까지 지키고 싶을 뿐이다. 내가 죽음을 앞둔, 살아있는 사람이라 소개된다면, 그보다 아름다운 결말이 있을까. 내가 여전히 시력을 잃지 않아, 눈 앞에 펼쳐진 세계를 볼 수 있고, 여전히 감각을 유지한 존재여서 오감을 즐기고 더 나아가서는 세상 만물이 내 몸의 모든 모공을 통해서 고유한 선물을 안겨주는 것에 감격할 따름일 것이다. 나와 비슷한 사람들의 감정, 그들의 즐거움과 분노를 어렵지 않게 읽어낼 수 있다는 게 즐겁다. 내가 그들의 행동을 잘못 읽어냈다면 그 오해를 바로잡으려 하겠지만, 그 오해는 나에게 불안감보다 즐거움을 더 많이 안겨준다. 오해로 인한 당혹감만이 아니라 내 뺨에 몰려드는 피까지 좋아한다고 말하고 싶을 지경이다. 나는 무한히 다양한 얼굴들에서 묻어나는 행복감을 느낀다. 이런 이유에서 어떤 길을 성큼성큼 걷기만 해도 뭔 일이 내게 일어난다. 맞은편에서 다가오는 사람이 내게 속눈썹을 찡긋하거나 온화한 표정을 지어 보이거나, 혹은 당찬 걸음걸이로 내 앞을 지나가는, 지극히 사소한 일이어도 나는 내 앞에서 사건이 일어났고, 필요하다면 그 사건을 증언할 거라고 분명하게 말할 수 있다.

내가 나와 비슷한 사람들의 마음을 읽어낸다는 걸 밝히지 말았어야 했는데. 나는 그들을 물끄러미 쳐다보지만, 그들이 누구이고 무엇을 원하며 나를 원망하지나 않는지 생각하지 않는다. 나는 그들의 얼굴 앞에서 거의 황홀감에 빠져든다. 그들의 몸은 휴식을 취할 때도 움직거리며 의미로 가득 차지 않는가!

세상의 어떤 사건보다 하루의 탄생이 내 마음을 뒤흔든다. 스물네 시간마다 어김없이 하루가 시작되고, 나는 그것으로 만족한다. 밝은 햇살로 시작하는지, 안개로 시작하는지는 중요하지 않다. 내 눈에 하루의 탄생은 갓난아기의 탄생보다 더 감동적이다. 하루가 탄생할 때는 눈물도 없고 울음소리도 없다. 하늘이 열리는 비장함에는 고통도 없고 비극(죽음)도 없다. 나는 하루의 탄생을 작품의 등장에 비교한다. 초연되는 연극이나 뮤지컬을 관람하며, 그 공연을 통해 누구도 부인할 수 없는 천재가 등장하는 순간을 함께하는 기쁨을 누린 사람도 적지 않을 것이다.

어떤 존재가 쓸데없는 말을 반복하고 어떻게 행동할지 예측할 수 없으며 온갖 실수와 잘못을 되풀이하고 어리석고 고약하게 행동한다고 가정한다면, 새로운 날이 탄생하는 덕분에 그는 구원받게 될 것이다.

별다른 이유는 없지만 내 생각에는 매일 반복되는 하루의 탄생을 그리스 세계에 결부할 수 있는 듯하다. 이렇게 생각하는 데는 그럴듯한 이유가 있기는 하다. 나는 대학에서 공부한 덕분에 그리스어와 그리스 문화의 기초를 배울 기회가 있었다. 그 그리스는 내게 고국처럼, 결단코 쇠퇴하지 않는 태고의 나라처럼 다가왔다. 해변에는 햇살이 내리쬐고, 주변의 바다는 잔잔하며, 상업과 종교적 행렬 및 전쟁과 식민지 원정이 끊이지 않는 땅이었다. 아침이면 익살스럽고 생글거리는 다정한 신들, 인간에게 어떤 것도 요구하지 않고 각자의 취미, 잡담과 유희, 갈등과 공연에 전념하는 여가를 허용한 반인반신이 출몰하는 땅이었다. 그런 그리스는 아주 오래전에 존재한 나라였다. 내가 들었던 그리스어는 나 이전에 누구도 듣지 못한 언어였고, 저명한 인물들이 로트에가론에서 올라온 어린 시골뜨기의 마음을 사로잡으려고 사용한 언어였다. 나는 그 말을 생생하게 알아들었던 까닭에, 그들만큼 젊고 패기발랄한 때가 없었다는 걸, 어렵지 않게 인정할 수밖에 없었다. 하루가 그렇듯이, 그 그리스에도 절대적인 시작이란 미덕이 있었다. 달리 말하면, 이전도 없고 이후도 없는 시작이 있었다. 하루와 그리스, 모두가 기적이란 기분을 지울 수 없었다. 다시 말하면, 있을 법하지 않은 사건, 즉 반복되고 있음에도 여전히 우리를 놀라게 할 힘이 있는 사건의 탄생으로 여겨졌다.

그러나 두 경이로운 기적 사이에는 다른 점이 있다. 하루는 잠에서 깨어나더라도 하루가 시작되었음을 부인할 수 있다. 따라서 어떤 것도 뒤이어 일어나지 않는 급진적인 시작이란 환영을 경험하기 위해서 우리는 시간이 멈춰버린 일시적인 순간을 포착하는 통찰력을 지녀야 한다.

나는 다양한 상황에서 하루의 시작이라는 극적인 사건을 간파할 수 있다.

밤을 보낸 도시는 아름답다. 대도시의 고층건물들이 일상의 분주함이나 경제활동을 훌훌 벗어던진 순진무구한 모습으로 낭떠러지처럼 갑자기 모습을 드러낸다. 도시는 은하수에서 돌연 분출되어 별들의 원무(圓舞)를 그대로 보여주는, 완벽한 기하학적 모양의 증거인 듯하다. 내가 사는 작은 도시에는 그런 장엄함이 없다. 하마터면 나는 잠든 영혼들을 깨우려는 유혹에 넘어갈 뻔한다. 필요하다면 그들의 귀를 잡아당기고, 그들이 상점 문을 여는 걸 도와주고도 싶은 심정이다. 그러나 곧 어린 학생들과 사무원들이 감동적일 정도로 창백한 세계에서 비둘기처럼 가벼운 발걸음으로 이곳저곳으로 흩어진다. 결국, 내가 민감하게 감지하는 것은 하루의 탄생이 아니라 새벽이다.

나는 산에서는 높은 산을 옆에 둔 오두막에서 밤을 지내는 걸 좋아한다. 하루가 탄생하는 순간의 매력을 강렬하게 맛볼 수 있기 때문이다. 태양이 높은 산 위로 솟아오른다. 무모하게 높은 산을 기어오른 태양은 나타났다가 사라진다. 그래서 포기한 듯하지만, 곧 다시 나타난다. 숭고한 산들은 분홍빛으로 뒤덮이고, 돌처럼 차가운 산들의 입술은 조금씩 갈라지지만, 고집스레 꾹 다물어 벌려지지 않는다. 그 장관은 나를 다시 태고의 시대, 선사시대로 데려간다. 그림자와 빛의 장난으로 산들은 전에는 없던 새로운 모습으로 다시 조각된다. 먼 옛날에 우주도 이렇게 주름이 잡혔다가 다시 펴지고, 혹과 상처를 치료하고, 거대한 물줄기가 밀려왔다가 밀려가는 과정을 반복하며 형성된 것일까?

　파리 같은 도시도 같은 유형의 광경을 나에게 보여준다. 파리의 한 언덕에서 나타난 빛은 높은 지역들을 사정없이 때린 후에 골짜기 사이로 슬그머니 비집고 들어간다. 탁월한 도시, 파리는 그 탁월함을 내게 유감없이 보여준다. 대성당들과 기념물들, 더없이 고귀해서 전쟁의 공포와 권력의 무분별에서 벗어날 수 있었던 것들을 보여준다. 의심쩍은 고층건물들도 내 눈에 들어온다. 나는 번거롭게도 이중 인화로 고층건물들을 내 시선에 담은 것이라고 믿는 척한다. 고층건물들은 서둘러 급조된 도시의 흉측한 흔적들이다.

　파리는 이제 내 발이 닿지 않는 곳까지 뻗은 거대한 지역이 아니다. 조만간 나는 파리의 어떤 지역과도 대등한 경쟁을 벌일 수 있을 것이다. 파리가 상대적으로 더 경쾌하게 보이는 때가 있다. 그런 날이면 파리는 다양한 도시 풍경을 내게 보여주지만, 곧이어 거의 변하지 않을 전반적인 모습을 내보인다. 파리에는 아직 창백한 새벽의 모습이 남아 있다. 파리가 수도라고 거만을 떨지 않고, 누구에게도 보호받지 못하는 밤에 초원에 내던져진 작은 동물처럼 두려움에 떨기 때문에, 나는 파리를 더욱 사랑한다. 파리는 다시 하루를 시작하면서 전날과 똑같아야 한다는 걸 예감하는 듯하다. 그런 전조를 느끼며 나는 이 사랑스러운 도시의 어딘가에서 요란한 소동이 벌어질 거라고 확신한다.

나는 너무 많이 말했다. 내가 이런 생각들을 언급하는 건 무척 드문 일이다. 대체로 나는 엄청난 사건(일종의 벼락)을 맞닥뜨려도 거의 말하지 않는다. 한 도시나 한 세계가 탄생할 때, 또 그런 날 아침에 나는 다시 살리라 결심하며, 다시 태어날 때도 입을 꼭 다물고 지낸다.

솔직히 말해서, 나도 하루에게 내 약속을 어기는 때가 있다. 밤에서, 꿈에서 벗어나기가 힘들 때가 그렇다. 시작이 어그러지면 다른 사람들보다 늦게 시작하는 게 부끄럽다. 하지만 내일이면 또 다른 새벽이 어김없이 내게 찾아올 것이다.

내일 또 다른 하루가 태어날 것이다. 내일 나는 다시 견자(見者)가 될 것이다. 만물을 향해 손을 뻗고 계절의 바퀴를 돌릴 것이다. 봄, 여름, 가을, 겨울, 어떤 계절이든 나에게는 마음에 들 것이다. 빛이 저물 때까지 나는 그 빛과 함께할 것이고, 밤이 새벽에 의해 찢겨나갈 때까지 밤과 함께할 것이다. 누더기를 걸친 이 세상에 왕의 옷을 입혀줄 것이다. 더 정확히 말하면, 내 내면에서 들끓는 진정한 충동이 무엇인지 알고 있기에,

나는 세상에서 누더기를 벗겨낼 것이다.

　내일 또다시 나는 아직 살아있는 존재라는 행운을 헤아려볼 것이다.

**옮긴이의 글**

지금, 우리에게
'느림'이 필요한 이유

'느림'의 뜻은 무엇일까? 국어사전에서 그 의미를 찾아보면, 대략 '야무지지 못하고 느슨하다'는 식으로 한결같이 부정적으로 풀이된다. 외국어에서는 어떨까? 웹스터 사전에서 'slow'를 찾아보면, 거의 모든 정의가 not이나 lacking으로 시작된다. 프랑스어에서도 영어와 마찬가지다.

다시 말하면, 기준에 미치지 못한다는 뜻이 '느림'에는 담겨 있다. 그런데 왜 뜬금없이 이 책에서는 '느림'을 예찬하는 것일까? 무섭도록 빨리 변하는 세계에 적응하지 못하는 사람들을 그저 위로하려고 느림을 추천하는 것은 아니다. 오히려 그 속도에 맞춰 살아가는 사람들, 그래서 주변을 돌아보지 않는 사람들, 특히 SNS에 올라온 글에 본능적으로 반응하며 상대에게 아픔을 주는 사람들에 대한 따끔한 충고일 수 있다. 이런 성급한 반응에는 실수가 따르기 마련이다. 자칫하면 이른바 가짜 뉴스에 휘둘리는 꼭두각시가 될 수도 있다.

이런 실수의 늪에 빠지지 않으려면 바로 '느림lentuer'이 필요하다. 느림의 어원인 letus에는 지금의 느림을 연상하는 '나태함'이란 뜻 이외에 '탄력적이고 유연함'이란 뜻이 있었다. 도형으로 말하면 직선이 아니라 곡선이다. 누구나 동의하겠지만 직선은 천편일률적이다. 하지만 곡선은 우아하고 다양하다. 곡선적인 삶은 여유로운 삶이며, 곧 우리 자신을 되돌아보게 하는 삶이다.

이 책의 제목을 그대로 직역하면 '느림의 올바른 사용법'이다. 사회학자이자 철학자인 저자, 피에르 쌍소(1928~2005)는 어떤 사건이든 여유 있게 받아들이는 능력을 키우기 위해 필요한 지혜가 있다고 말한다. 서두르지 않겠다는 의지, 시간에 쫓기지 않겠다는 의지가 바로 그런 지혜이며, 그런 지혜에서 비롯되는 능력이 바로 '느림'이라고 말한다. 저자는 느림에 대해 걷기와 듣기, 권태와 꿈꾸기와 기다리기, 글쓰기와 포도주 등의 주제와 함께 이야기한다.

또한, 느림은 성격의 문제가 아니라 선택의 문제라고도 말하면서 '느리게 살아가는 법'을 소개한다. 그러나 일반적인 자기계발서처럼 '어떻게 느리게 살아가야 하는지'에 대해 명확하고 일목요연하게 쓰여지지 않아 선뜻 와 닿지 않을 수 있다. 하지만 이 책의 제목대로 느리게 읽으면서, 다시 말해서 목표를 세우지 말고 시간에도 쫓기지 않으면서 여유 있게 읽다 보면, 얼마든지 자기 나름대로 느리게 사는 법을 터득할 수 있으리라 믿는다.

언젠가 한 신문에서 대략 이런 내용의 글을 읽었다. 나가사키의 커피집 '남만차야'에서는 하얀 수염을 기르고 털실로 뜬 빵모자를 쓴 칠순의 주인장이 커피를 직접 핸드드립으로 내려준다. 그곳에서는 카세트테이프에서 음악이 흘러나온다. 부드럽고 인간적이다. 주인은 이렇게 말한다.

"세상은 빠르게 돌아가지만 이 안은 느리게 움직입니다. 상처받고 지친 손님이 이곳에서 편안함을 느끼고 내 커피로 치유를 받았으면 좋겠어요."

커피를 좋아하는 사람이라면 커피머신에서 뽑아내는 커피와 핸드드립으로 내린 커피의 차이를 알 것이다. 이 책에서 말하는 속도와 느림의 차이일 수 있다. 당신은 어떤 커피를 마시고 싶은가? 선택은 당신의 몫이다.

지금 이 시기에 이 책이 다시 탄생하게 되어 기쁘다. 많은 이들이 이 책을 통해서 '느림'의 의미를 이해하고 삶에 적용할 수 있었으면 좋겠다.

2023년 충주에서,
강주헌

\* 순서대로

- **앙드레 고르스** · Andre Gorz ｜ 오스트리아 출신의 사상가이자 언론인으로, 사르트르를 만나고 실존주의와 현상학에 심취

- **프랑수와 라블레** · François Rabelais ｜ 16세기 몽테뉴와 함께 프랑스 르네상스 문학의 대표작가로 꼽힘.

- **조르주 페렉** · Georges Perec ｜ 프랑스 현대 소설가로, 소소한 일상생활을 섬세하게 묘사하는 작가로 알려져 있다.

- **앙드레 브르통** · André Breton ｜ 20세기 초현실주의를 대표하는 프랑스 시인이자 미술이론가

- **드니 디드로** · Denis Diderot ｜ 18세기 계몽주의의 대표적인 문필가로, 계몽철학 사상을 집대성한 편집자이기도 함.

- **폴 리쾨르** · Paul Ricœur ｜ 프랑스 철학자로, 실존주의 영향을 받아 현상학을 깊이 연구

- **가스통 바슐라르** · Gaston Louis Pierre Bachelard ｜ 프랑스의 역사적 인식론 학파를 대표하는 철학자, 역사학자로, 과학철학의 창시자이기도 함.

- **자크 보쉬에** · Jacques-Bénigne Bossuet ｜ 전제정치와 왕권신수설을 지지한 17세기 프랑스 가톨릭 신학자

- **앙리 라코르데르** | 도미니코회 신학자로, 1840년 노트르담 대성당에서의 사순절 설교로 유명하다.

- **오노레 드 발자크** · Honoré de Balzac | 《고리오 영감》이나《외제니 그랑데》로 알려진, 19세기 사실주의의 대표적인 소설가

- **프랑수아 모리악** · François Mauriac | 프랑스의 소설가로, 저항운동에 참여했으며 1952년도에 노벨문학상 수상

- **스테판 말라르메** · Stéphane Mallarmé | 아르튀르 랭보, 폴 베를렌과 함께 19세기 상징주의를 대표하는 시인

- **샤를 쥘리에** · Charles Julié | 프랑스의 소설가로, 자전적 소설《눈뜰 무렵》으로 알려져 있다.

- **크리스티앙 보뱅** · Christian Bobin | 프랑스의 시인이자 에세이스트로, 프랑스의 대표 문학상인 되마고상 수상자

- **마르셀 뒤샹** · Henri-Robert-Marcel Duchamp | 1차 세계대전 이후 미술의 발전에 많은 영향을 준 초현실주의 예술가로, 미국으로 망명했다.

- **한스 아르통** · Hans Hartung | 독일에서 태어난 프랑스의 대표적인 추상화가

- **메를로 퐁티** · Maurice Merleau-Ponty ｜ 장 폴 사르트르와 함께 프랑스 현대 철학의 양대 산맥으로 평가되는 철학자
- **장 콕토** · Jean Maurice Eugène Clément Cocteau ｜ 프랑스의 시인, 소설가, 극작가이자 영화감독으로, 초현실주의적인 작품들을 다수 발표
- **스탕달** · Stendhal, Marie-Henri Beyle ｜ 소설《적과 흑》,《파르므의 승원》으로 알려진 프랑스 사실주의 문학의 시조. 스탕달은 필명이며 본명은 마리 앙리 벨
- **알베르 코엔** · Albert Cohen ｜ 프랑스에서 가장 권위 있는 아카데미 프랑세즈 소설대상 수상 작가로, 그의 대표작으로《내 어머니의 책》이 있음.

**느림의 철학자 피에르 쌍소가 전하는 '서두르지 않는 삶'**

# 느리게 산다는 것

---

**1판 1쇄 발행** 2023년 8월 28일 ㅣ **1판 3쇄 발행** 2024년 8월 1일

**지은이** 피에르 쌍소
**옮긴이** 강주헌

**발행인** 신수경
**책임편집** 신수경
**디자인** 디자인 봄에
**마케팅** 용상철 ㅣ **제작·인쇄** 도담프린팅
**발행처** 드림셀러
**출판등록** 2021년 6월 2일(제2021-000048호)
**주소** 서울 관악구 남부순환로 1808, 615호 (우편번호 08787)
**전화** 02-878-6661 ㅣ **팩스** 0303-3444-6665
**이메일** dreamseller73@naver.com ㅣ **인스타그램** dreamseller_book
**블로그** blog.naver.com/dreamseller73

**ISBN** 979-11-92788-11-1 (03100)

※ **드림셀러는 당신의 꿈을 응원합니다.**
　드림셀러는 여러분의 원고 투고와 책에 대한 아이디어를 기다립니다.
　주저하지 마시고 언제든지 이메일(dreamseller73@naver.com)로 보내주세요.